# 湛庐CHEERS

与最聪明的人共同进化

HERE COMES EVERYBODY

CHEERS
湛庐

# THE CEO TEST

# 领导者的试炼

[美]亚当·布赖恩特 凯文·沙雷尔 著
Adam Bryant Kevin Sharer

慕兰 啸程 润雨 译

浙江教育出版社·杭州

测一测

# 卓越的领导者是如何“炼”成的?

扫码加入书架
领取阅读激励

扫码获取
全部测试题及答案，
一起了解成为卓越领导者的
关键路径与必备素养

- 领导者在推动企业转型时，更应该如何做？（单选题）

  A. 依赖外部咨询公司的方案

  B. 从内部推动变革

- 领导者在制定战略规划时，应该首先确保以下哪项？（单选题）

  A. 战略规划复杂且全面

  B. 战略规划简明且可执行

  C. 战略规划仅关注短期目标

  D. 战略规划完全依赖外部咨询

- 企业文化的重要性体现在哪里？（单选题）

  A. 它只是公司网站上的装饰性文字

  B. 它是公司内部的非正式规则

  C. 它可以成为员工行为的指导原则

  D. 它是公司对外展示的唯一形象

扫描左侧二维码查看本书更多测试题

# 在试炼中打磨战略与执行的齿轮

吕守升
战略与组织发展专家
高潜（北京）咨询有限公司创始合伙人
畅销书《战略解码》作者

《领导者的试炼》直击领导力核心命题，是一本极具实战价值的领导力指南。书中通过全球CEO的实战案例，将战略简明化，将团队效能构建等复杂命题拆解为可操作的方法论。尤其关于“倾听生态系统”与“矛盾平衡艺术”的见解，直指领导者从认知到行动的转化瓶颈，这与我在管理实践中推行的“战略解码”体系形成了深层共鸣。

这些年在推动企业战略解码时我发现：优秀的领导力本质上是在目标共识与执行落地间搭建桥梁，而书中揭示的方法论，恰如打通这条路径的关键密码。

本书的核心亮点在于打破传统的有关领导力书籍的框架束缚，构建了一套兼具实战性与思想深度的能力修炼体系。

## 亮点一：战略简明化的破局之道

本书提出，战略不是复杂的美学，而是清晰的行动指南，通过“制定简明战略规划的 5 个建议”，将企业战略从冗长的 PPT 转化为“一句话目标 + 三个核心杠杆”的可执行框架。这种“做减法”的思维，直指战略落地的核心矛盾：如何让全员在混沌中锚定方向，避免陷入“战略空转”的陷阱。

## 亮点二：矛盾平衡的领导力哲学

不同于非黑即白的管理教条，书中揭示了领导力的本质是“在对立中寻找动态平衡”：既要保持战略理性（如危机中的数据驱动），又要容纳人性柔性（如困境中的共情表达）；既要建立高要求的执行标准，又要为团队留出试错空间。这种“钢丝上的管理智慧”，正是多数领导者缺失的破局关键。

## 亮点三：穿透信息茧房的倾听体系

书中的“倾听生态系统”从制度设计到心态修炼，帮助领导者打破层级壁垒，让真实信息穿透组织各层级。这也证明了只有当领导者能同时听见“会议室的方案”与“车间的声音”时，才能提前捕捉危机信号，避免成为“最后一个知道真相的人”。

## 亮点四：团队效能的契约化构建

区别于传统团队建设的感性号召，书中提出“团队合作契约”机制：通过明确“目的－成员－协作规则－领导角色”四要素，将模糊的“凝聚力”转化为可落地的责任闭环。这种将“软文化”转化为“硬规则”的方法，让跨部门协作从“靠自觉”变为“靠机制”。

## 亮点五：危机应对的系统化思维

超越单点危机处理技巧，构建“事实认知一快速行动一透明沟通一根源解决”的全链条应对框架。书中强调，真正的危机韧性，不仅是解决问题的效率，更是在压力下保持人性温度的能力。只有当领导者能用“数据看板”同步“情感账户”时，才能将危机转化为组织进化的契机。

作为一名长期研究企业管理的实践者，我在推动战略共识与组织变革中深知，领导力是责任与心态的双重修炼。

这本书的独特之处在于同时扮演“镜子”与“路标”：只有当领导者用“制定简明战略规划的 5 个建议”检视规划是否陷入复杂陷阱，用“矛盾平衡艺术”反思自己是否沦为工具囚徒时，才能理解为何安进时任 CEO 凯文·沙雷尔在危机中重建倾听体系后，能带领安进实现市值增长超过 4 倍的业绩。

在数字化转型浪潮中，这不仅是一本方法论手册，更是每位领导者在修炼路上的必读书。它用真实案例证明：唯有将理性框架与人性洞察熔于一炉，才能穿越试炼，成为组织变革的真正引擎。

前 言

# 向 CEO 学习最实用的管理策略

在过去几十年里，尽管人们一直努力探究如何成为一名高效的领导者，但对于企业、非营利组织、公共部门等各类组织来说，领导力实践仍然是各级领导者所面临的严峻考验。

对于刚刚走上管理岗的人来说，这样的情况尤为明显。在这一阶段，你正在努力从“个人贡献者”转变为需要通过他人实现目标的管理者，你不免会纠结于诸多细节问题，包括：对下属的管理应当多么严格？什么时候应当放手，什么时机应当介入？如何既能直接给出反馈又不显得过于挑剔？如何与下属打成一片又不至于有“结党”之嫌？是适当展现真实的脆弱，还是总摆出一副看起来毫不费力且自信满满的样子？

## CEO 的职位最能体现领导力的挑战

更高的职位会带来一系列全新挑战，你现在是公司高管，下设多个管理层级，你必须确保所有人朝着公司的共同目标发力，这就需要不断进行沟通。此外，你必须在公司中建立并妥善管理新的关系网。与此同时，公司对你寄予持续高水平完成业绩的期望也会让你焦头烂额。海量的会议、电子邮件和跨部门项目的期限对你的耐力提出了考验，你不仅要早出晚归，通常还要鏖战到周末。

最终升任 CEO 意味着你面临的要求将呈指数级增长。你不仅要面对孤独感、沉甸甸的责任、无休止的批评和质疑、由全明星员工组成的领导团队的压力，还要面对全天候的需求，这需要你调动超凡的耐力才能始终保持活力、自信并鼓舞人心。此外，灰色地带和做出艰难决策的权衡会令人不快。“信息茧房”会阻止坏消息到达你这里。投资者和董事会也会要求各项业绩指标实现稳定增长，甚至在找到正确问题都很困难的情况下，还总是期望你拥有正确答案。

不过，种种压力并非 CEO 独有，我们相信，**所有领导者都面临着独有的试炼：当你晋升到管理范围更大、复杂性更高的职位上，所面临挑战的强度及其带来的可能后果会随之增加。**我们在本书中分享几十位 CEO 的故事、他们的见解和他们总结的经验教训，不是因为他们的工作独一无二，而是因为领导力面临的普遍挑战在 CEO 的位置上得到了最极致、最尖锐的体现，这为每一个有志于成为卓越领导者的人提供了最丰富、深刻的经验教训。简而言之，我们相信，**向 CEO 学习最实用的管理策略将使你更加有效地履行当下职责，也将有助于你的职业发展。**

## 识别决定领导力成败的关键挑战

在撰写本书时，我们组成了一个绝佳的团队。本书的作者之一亚当・布赖恩特拥有对 600 多位 CEO 和其他领导者进行深度采访的宝贵经验。布赖恩特每周为《纽约时报》创作《拐角地带》（*Corner Office*）系列访谈。本书的另一位作者凯文・沙雷尔正是布赖恩特的第一批采访对象之一。这个系列的访谈别具一格，布赖恩特不会询问 CEO 有关战略和行业趋势的问题，而是把注意力集中在一个永恒的问题上，即 CEO 在领导过程中学到的最宝贵经验是什么。他采访的管理者来自各行各业：商界、非营利组织、学术界、政府机构、军队和娱乐界。他的采访对象既包括像微软的萨蒂亚・纳德拉（Satya Nadella）、迪士尼的罗伯特・艾格（Robert Iger）这种来自大型公司的知名 CEO，也包括经营小型初创公司的年轻 CEO。此外，他还采访了许多女性领导者，但从未问过她们任何与性别相关的问题，因为他想把她们首先作为领导者，而且也仅仅作为领导者来采访。

2017 年，布赖恩特加入了 Merryck 公司。Merryck 是一家致力于高管辅导及高级领导力发展的专业公司，在过去的 10 年里，他们与数百位客户的合作案例，为我们提供了更具广度和深度的经验，让我们从中获得了深刻见解。

本书的另一位作者沙雷尔曾是世界上最大的生物技术公司安进（Amgen）的总裁，后又成为安进的 CEO。在过去的 20 年里，他一手领导安进进行业务扩张，几乎完全通过有机增长让安进的年营业收入从 10 亿美元上升至近 160 亿美元。2012 年从安进离职后，沙雷尔在哈佛商学院教授战略与管理课程 7 年，并与当时的同事、现任通用电气 CEO 拉里·卡尔普（Larry Culp）以及哈佛商学院时任院长尼丁·诺里亚（Nitin Nohria）共同开设了一门关于 CEO 生活、角色以及如何领导高管团队的课程。此外，他曾在雪佛龙、优尼科（Unocal）、3M 公司的董事会任职，亲自参与了 20 多次成功的 CEO 转型辅导。在本书中，你将听到数十位 CEO 的肺腑之言，其中也包括沙雷尔本人的故事和见解。我们将把沙雷尔的亲身经历，包括他在美国海军担任军官的经历，以及在麦肯锡、通用电气和 MCI 公司[①] 担任高管的经历，结合本书的主题，在几个章节中栩栩如生地呈现出来。实际上，沙雷尔在本书中扮演的是球员兼教练的角色，他既是合著者，也是一位 CEO 经验的分享者。

尽管我们两人的背景非常不同，但我们都属于“模式识别者”

① 美国世界通信公司（WorldCom，简称世通）因会计丑闻破产，后被 Verizon 收购，重组成为其下属的事业部门。公司现已更名为 MCI，总部位于弗吉尼亚州。——编者注

（pattern spotter）。在撰写本书之初，我们花了无数时间讨论我们从各自经历中得到的教训。为了更好地引导我们的思维，我们特意起草了一个问题列表来阐明此次的写作目标：

- 哪些关键挑战会成就或者毁掉那些最有前途的高管？
- 从这些卓越领导者面临的挑战中，我们可以学到什么，以帮助所有领导者在工作中表现得更好？
- 如果你打算投入时间和精力，专注成为一名更强大的领导者，那么，在领导力的哪些方面下功夫会带来最大回报？
- 哪些见解对商学院的学生有启发性，对有远大抱负的领导者有用，并能为 CEO 及其领导团队提供新的视角？
- 我们能否在公司内部发展出一种与各级领导者工作相关的、共通的领导力语言？
- 我们能否确保这些见解对企业高管和非营利组织、公共部门的领导者一样有用？

坦白讲，我们通过好几轮讨论才提炼出写满白板的长长列表。当我们用“俄罗斯套娃”来指导讨论时，事情开始出现更快的进展。在关于领导力的讨论中出现的许多想法，如值得信任和尊重他人的重要性，实际上非常相似。于是，我们不断督促自己捋清哪些想法可以被嵌入其他想法中。此外，我们还决定更多地关注领导力的战术技能，由此创作出关于如何有效领导的指南，而不是关注有效领导的内在品质，如好奇心和自我意识。经过几小时的讨论，我们最终确定了主题和写作框架，这些主题可以最好地回答上述列出的重点问题。

## 在领导者的试炼中不必拿满分

领导者的试炼并不像 SAT 考试，它更像是一场艰难的登山考验。我们在各个章节中描述的挑战是实现有效领导的必经之坎。没有清晰的战略、高效的团队和明确的企业文化，谁也不可能成功。从这里开始，我们将讨论领导他人的细节问题，比如推动变革和管理危机，然后转向领导力的内在博弈。在本书中，我们会提到许多互相矛盾的说法，这些说法有助于解释为什么简单的答案很难清晰地阐明领导力的真谛。总之，本书的内容不仅能让你成为一个更好的领导者，还提供简单有效且有价值的观点帮助你分析评估其他领导者、团队和公司。

需要明确的是，**要通过领导者的试炼并不意味着你需要在我们所描述的每一项挑战中都得满分，这并不现实，因为我们都有自己的长处和短板。但我们的确相信，要想成功担任领导角色，本书中提到的每一项技能，你都必须达到一定的熟练程度，忽视其中任何**

**一项或低估其重要性，都会缩短你的在位时长。**我们深知，世界上有太多的提高领导力的建议，如果要记住在某个特定时刻应该做的 100 件不同的事情，那你可能很快就会陷入“分析瘫痪”（paralysis by analysis）。我们试着将所有建议筛选归类为少数几个关键主题，这样你就能看到在不同主题领域下功夫提高领导技能所带来的最大影响。

由于本书的重点是从 CEO 那里学到与各级领导者都相关的经验，所以关于 CEO 这一角色的其他方面我们都暂不讨论。如果我们只是写一本给 CEO 看的书，那就会涉及其他方面的关键考验，包括资源（费用、资本和人员）的配置，企业的合并和收购，董事会、投资者、监管机构和客户关系的管理，高风险决策，以及建立产品或服务渠道以确保公司未来的收益和竞争力。正如战略意味着对做什么和不做什么做出选择，我们做出的选择是不写这些方面的内容，以便使本书对各级领导者都尽可能适用。

## 如何领导主要取决于 3 件事

领导力像是一个大帐篷，有很大的空间来容纳不同的声音和方法。因此，关于领导力这个有时令人困惑的话题，值得我们多花一点时间分享观点，因为它将印证我们接下来所写的所有内容。

首先，我们不喜欢千篇一律、“一刀切”的领导方法。你如何领导将主要取决于 3 件事：

- **你自己。**你的经验、能力和个性。
- **你所领导的人。**被领导的个人与集体的能力和个性。
- **你的领导背景。**你领导的是小团队还是大团队？你领导的是初创公司还是传统公司？公司处在转型期还是飞速发展期？

从一开始，这 3 个变量就创造了无限的排列组合，让做领导这件事像不断移动的多级棋盘一样千变万化。因为领导力与领导背景息息相关，所以，我们不会贩卖什么领导捷径或填空式的模板。我们认为，成为一名高效领导者需要自省和努力。你的策略是什么？对你的领导团队来说，成功意味着什么？这两个最简单的领导力问题往往最难回答。在这里，我们可以承诺的是，我们将帮助你优化学习曲线，并提供见解、故事和工具，帮助你了解实现高效领导至关重要的东西。毕竟，最好的领导力建议有助于放慢节奏，这样你就能更好地预测、理解和标记不同情况下的微妙动态，然后将它们引向更好的结果。我们相信，分享优秀 CEO 们的故事、教训、见解和建议是传授这种智慧最有效的方式。

我们希望你在阅读这本书时能与我们互动起来。在每个转折点，你都要确定书中的见解将如何应用于你自己面临的情况，并思考你是一个怎样的领导者。在这个意义上，这本书就像领导力领域本身一样，是一种罗夏墨迹测验（Rorschach Ink-blot Test）①。你的新见解对另一个读者来说可能是“旧帽子”。你可能会认为某个案例不适合你的行业，其他的一些案例更为相关。你可能会遇到一个以前听过的见解，但在这个特定时刻你真的需要再听一遍。总之，我们的目标是开启对话，而不是结束对话，我们希望能提供指导和基础架构，帮助你在领导力领域最重要的方面精进思维与策略。

我们使用的方法是新闻式的、实践式的，而不是理论式或思想体系化的。在领导力领域，存在着一个令人困惑的现象，那就是任何人都可以说出任何关于领导力的事，而且在某种程度上他们可能是正确的。事实上，关于领导力的文章几乎没有错的。但问题在于，某些东西没有错并不意味着它就是一种真知灼见。这个领域充斥着陈词滥调和老生常谈，人们经常用他们认为重要的东西来谈论领导力。这些都是关于观念的讨论，不容易引起争论，因为这就像是在谈论成功生活的重要因素，而不是有效领导的必要条件。

是的，这中间的界限可能是模糊的（真相在生活的方方面面都很重要，包括在领导力领域），但我们在这本书中对二者做出了鲜明的

① 由瑞士精神病学家赫尔曼·罗夏（Hermann Rorschach）创建的一种人格测验，通过让受测者观察墨迹图并描述自己的感受和联想，分析受测者的性格特征。——编者注

区分，并几乎完全将关注点放在如何有效领导的技能和实践上。我们不会围绕“什么是领导力”的问题进行哲学讨论，也不打算在某个词前添加一个形容词来造一个新热词。我们唯一关注的就是如何有效地进行领导，我们将广泛深入地挖掘数百名卓有成就的领导者的经验，通过他们自己的话，让那些真知灼见和精彩故事变得无比鲜活。

我们这本书并不是一部学术研究著作，我们也没有使用定量数据来支持我们的发现。本质上，我们的数据是定性的，包括布赖恩特超过 600 万字的采访记录，以及沙雷尔在长期领导生涯中兼具深度和广度的经验。从这些定性的数据中，我们发现了清晰的模式和主题，我们相信这些模式和主题为领导力实践提供了有价值的见解。我们为自己设置了一个写作考验，那就是通过写这本书帮助你成为一名高效领导者。至于我们是否通过了这一考验，做出审判的法官正是作为领导者的你。

随着各行各业面临颠覆性变革的速度越来越快，领导者也将越来越难当。我们极力推崇高效领导者，因为他们可以打造卓越的组织，让为他们工作的人发挥最好的一面。然而，我们也已经遇到过太多糟糕的领导者破坏组织并给员工造成情感伤害的例子。我们的目标是帮助你掌握执行高效领导力的最重要方法，为你的成功做出更好的准备。无论你是 CEO，还是职场新人，让我们马上开始吧！

THE
CEO TEST

# 目 录

# THE CEO TEST

## 试炼 1

## 你能拿出一份简明战略规划吗

**与其纠结“要优先做什么”，**
**不如明确“要实现什么”。**

凯文·沙雷尔曾是全球生物科技巨头安进的CEO，在与下属会谈时，他常常开门见山地抛出这样一个直击灵魂的问题："你究竟想说什么？那又怎样？"他笑着发问，没有半点儿冒犯的意思。在面对不太熟悉的人时，比如主动找上门来推销创意的顾问，他会更直白地说出自己想要的是什么，他会问"你究竟想说什么"，还会问"我们应该怎么办，做成了会是什么样"。无论是上述哪一种情况，他这样提问，实际上都是在向对方发起一个挑战：**你能精炼自己的想法并快速说出重点吗？你说的事情为什么重要？**

为了达到同样的效果，沙雷尔还会运用其他的表达策略，包括采用比喻的方式来表明他对团队的工作期望。比如，他会对下属说："真相如同一幅大拼图，事实是其中的一块块碎片，而我们永远不可能拥有所有碎片。因此，你们的工作就是预想未来的画面。不要把一堆碎片倒在我的脚边，然后东拼西凑在一起。我要你们直接告诉我，你们对未来情景的预判是怎样的。"对于那些啰里啰唆想给他看40页幻灯片的人，他干脆让他们把幻灯片放在一边，直接概括主要内容。

多年来，他就是这样想尽办法把本该对方承担的责任交还给对方，推动对方厘清思路，将想法中散乱的点串成线，用简单明了的措辞表明想法的核心点。下属也早已习惯了这样的表达方式，例如有一次，CFO（首席财务总监）来向沙雷尔汇报工作，提议把公司所有的生产部门都搬到波多黎各。对于如此大胆的提议，CFO仅用寥寥数语就说到了点子上，他说："如果选择搬迁，仅税收优惠这一项对公司财务状况的影响就堪比我们推出一款新的畅销药所带来的影响。此外，我们现在的两家工厂位于加利福尼亚州圣安德烈亚斯断层带，迁址可以消除工厂面临的地震风险。"CFO清晰简洁、一针见血地说明了问题。该提议旋即得到了采纳，公司随后启动了为期数年、投资数亿美元的搬迁规划。如今，安进的主要生产运营部门都已迁至波多黎各。

事实上，沙雷尔早在20多岁时便养成了这种锲而不舍追求简洁的习惯。当年，作为一名快攻型核潜艇工程师，他必须对潜艇的一切胸有成竹，包括在脑海中预演潜艇的拆卸及组装，熟知每一个零件及其运作方式，熟谙各种可能出现的故障及修复方法。正是从那时起，他开始用画图的方式来高度简化事物的原理，这些图被他戏称为"傻瓜图"。

沙雷尔始终致力于创建简单而高水平的架构图来描述纷繁复杂的

事物。他先在脑海中建立一个三维立体模型，然后在此基础上循序渐进，深化细节。在职业生涯后期，他加入安进，新的工作要求他必须快速了解以前从未涉猎过的生物科学技术领域。幸好，沙雷尔对基于网络和多个反馈回路的机械及电气自动控制系统了如指掌，他很快意识到，在系统层面上，人体与核潜艇的运作方式如出一辙。正是这样非凡的洞察力为他提供了一个框架，让他能够就不同药物对身体的影响与科学家进行对话。当然，他永远不会像科学家那样了解生物技术，但是，他能将对话保持在一个高度，并在这个高度上去理解科学本身及潜在的新药对安进的影响。沙雷尔说："核潜艇工程师的经历让我非常了解自动控制系统，所以我可以用它来类比生物学，帮助我快速理解生物学规律，然后提出 5 个最有价值的问题。"

## "你究竟想说什么"

对领导者来说，沙雷尔对"你究竟想说什么"的追问实际上代表着一项关键试炼，也是最重要的试炼，领导力往往成于此，也败于此。**化繁为简是领导技能的核心，"你究竟想说什么"则是核心的核心，是领导者面对海量信息和无数选择时快速萃取、明智决策的重要工具，体现了抓住和理解问题本质的能力，通过高水平的"领悟"把握事物的重要性与意义。**与此同时，化繁为简也是一种必要的时间管理工具，堪称领导力工具箱中的利器，能使领导者更高效地处理颇具模糊性和风险性的复杂问题，帮助他们更清晰地沟通各种问题及应对策略。然而，这种化繁为简的技能并没有得到广泛运用，领导者自身需要有意练习，并且也要要求员工这样做。实际上，本书就是我们实践化繁为简技能所取得的成果，正是凭借这项技能，我们才得以将扑朔迷离的领导艺术最终凝练为一册简明易行的领导力指南。

对领导者而言，掌握化繁为简这一技能的关键在于：他们能否有效表达鼓舞人心、简明清晰的战略规划，能否站在员工面前，用几句话就讲清楚公司发展的方向、原因、计划、时间表以及衡量进展的方式。对于任何公司而言，这些理念都是奠定公司发展壮大的基石。如果不明确共同的目标，以及为什么这些目标是重要的，领导者就会疲于应付下属，任由下属自行其是、自行判定成功标准。大家可能会非常努力地工作，但是会出现严重的内耗，因为组织中的人不同步，想法不一致，这反过来会鼓励破坏性的“孤岛”行为。

因此，领导者面临的第一项试炼就是：你能否制定一份简明战略规划，让大家都朝着同一个方向前进？正如沙雷尔所说：“领导者工作的核心就是化繁为简，做正确的事。不能简单但错了，必须简单且正确。”

在亚当·布赖恩特对600多位领导者的访谈中，化繁为简的观点也屡屡得到共鸣，其中许多领导者都分享了这样一个观察结果，那就是高管常常难以清晰地描述一个愿景。

同样的问题也出现在 Merryck 公司面向企业高管的工作指导中。在数以百计的会谈中，最棘手的对话总是始于这个简单的问题："你的战略是什么？"实际上，并不是这些领导者没有一个规划，而是他们没有清晰地将规划描述出来，从而让别人像他们一样对规划了然于胸。

就连那些富有经验的董事会成员也发现这种化繁为简的技能并不常见。华平投资（Warburg Pincus）是行业领先的私募股权公司，其前合伙人克里斯·布罗迪（Chris Brody）几十年来在包括财捷公司（Intuit）在内的各种规模公司的董事会任过职。他曾说："CEO 可能对一些想法或者愿景充满热情，但实际上他们对目标并不清晰。如果他们不能向其他人阐述清楚自己的想法，后面就会耗费大量宝贵资源。我经常看到 CEO 对一个不靠谱的结果抱有太多热情，这会让员工摸不着头脑。"

高乐氏公司（The Clorox Company）前 CEO、资深董事会成员唐·克瑙斯（Don Knauss）说过，他希望领导者在描述公司的经济前景时做到简洁明了，这实际上就是高效化繁为简的结果。正如克瑙斯所阐述的："无论公司如何号称自己将在市场上胜出，归根结底，事情的本质在于你们是否具备'胜出的资格'，即你们必须为消费者提供高度相关的差异化价值。然而，令人诧异的是，不知道有多少公司一次又一次地掉进了无底洞，无论在成本结构还是能力结构上，这些公司都不具备能够在市场上胜出的差异化价值或真正的竞争优势。只有具备了根本性优势，你才能马上知道他们的提议究竟是天方夜谭，还是真的有望成功。”

**令人诧异的是，不知道有多少公司一次又一次地掉进了无底洞，他们根本不具备能够在市场上胜出的差异化价值或真正的竞争优势。**

**唐·克瑙斯，高乐氏公司前 CEO**

## 高效的领导者深谙简明的力量

为什么有如此之多的高管过不了这一关呢？其中恐怕有诸多原因，但最大的原因在于人们对“战略”一词的理解见仁见智，莫衷一是。根据我们的经验，当你问一个人他的战略是什么时，听到的答案很可能要么过于崇高，比如使命、愿景、声明；要么过于平淡，比如与公司目标无关的一般性业务描述；要么走向另一个极端，陷入一连串短期优先事项里。实际上，真正稀缺的是恰到好处的战略陈述，我们称之为“简明战略规划”。

从广义上讲，**简明战略规划解答了员工应当了解的两大问题：我**

**该做什么？为什么这样做很重要？问题的答案必须符合一个关键标准，那就是“一清二楚”。**诺华公司（Novartis）的前 CEO 约瑟夫·希门尼斯（Joseph Jimenez）说：“这个战略规划必须阐述得明明白白，让组织中的每个人理解得清清楚楚，大家必须对这个目标有清晰的认识，必须理解他们所做的事情将如何帮助我们共同走向未来。你必须将公司战略简化提炼为我们的制胜之道以及真正追求的愿景，只有这样，人们才能牢记于心。”

遗憾的是，这并不是公司领导者通常在员工大会上分享的内容。恰恰相反，领导者习惯于使用幻灯片来宣布公司战略。这类幻灯片页面的中心常常是分层的彩色金字塔模型，旁边是几个要点，外加一两个指示箭头。这些内容在会议现场可能有意义，但是，如果没人能记住或者员工不清楚应当如何为战略做出贡献，那就是一种浪费。大多数人每天记不住三四件事，这是我们生活中的普遍现象。然而，很多 CEO 还在向员工传达复杂晦涩的信息，他们似乎并不了解人类记忆的局限性。在 Merryck 公司与诸多领导团队一起工作的时候，我们会要求团队中的每个人在访谈结束前阐释公司的战略。通常情况下，我们会从每个人那里听到非常不同的答案。

但是，那些高效的领导者深谙简明的力量。这就是为什么迪士尼公司的掌门人罗伯特·艾格总是把三大优先事项挂在嘴边，那是他从第一天上任起就在宣扬的“简明”，也是艾格本人领导力的核心。他的个人简历就挂在迪士尼的官方网站上，其中第二句话就列明了这些优先事项——尽可能产生最好的创意，促进创新和利用最新技术，到世界各地拓展新市场。在其自传《一生的旅程》（*The Ride of a Lifetime*）中，艾格写道："你必须清晰地、反复地传达你的优先事项。如果你不能清晰地表达你的优先事项，你身边的人就无从知道他们的优先事项应该是什么。于是大量的时间、精力和资本都被浪费了。实际上，只要把不必要的猜测去掉，你就可以为身边的人乃至他们身边的人传输能量，进而提振士气。很多工作本身很复杂，需要高度集中的注意力和精力，而这种简明信息的传递相当简单——这就是我们要达成的目标，这就是我们为达成目标要做的事。"

**这就是我们要达成的目标，**
**这就是我们为达成目标要做的事。**

——

**罗伯特·艾格，迪士尼公司 CEO**

麦当劳公司也致力于追求简明，他们早年坚持不懈地专注于 4 个领域：品质、服务、清洁和价值。雷·克罗克（Ray Kroc）是将麦当劳从一家地方连锁店打造成全球企业的领军人物，他经常说："如果我每重复一次'品质、服务、清洁和价值'就等同于搭了一块砖，那我大概能用这些年积累的砖架起一座横跨大西洋的桥了。"麦当劳领导团队在 2017 年更新了公司战略，他们制定了一个同样简明的口号

“保留、重获、转化”作为其增收战略，即留住最好的客户，赢回失去的客户，并将偶尔光顾的客户转化为长期客户。

2016 年，肖恩·莱登（Shawn Layden）接任索尼互动娱乐全球工作室的主席，他当时大力推动的就是战略的“清晰度”。当全球团队问他有什么战略规划时，他提出了一个仅由 3 个词组成的战略决策标准。他说:“我要让战略变得超级简单。当你有了游戏创意并想做出提案的时候，只需要考虑 3 件事：第一、最佳、必须。其中，‘第一’是指你是否要创造一个从未见过的新游戏，做一个完全创新的东西；‘最佳’是指你提议的游戏会是同类中最好的吗；‘必须’意味着我们应该去做的事情，比如，为了支持索尼创造的虚拟现实头盔而开发内容。假设你现在有了一个游戏创意，但它不是第一个，也不是最好的，或者不是必须做的，那么我们就不做这款游戏。”

正如上述案例所示，如果化繁为简是领导者的一项关键技能，那么你将如何利用这一点来制定一份简明战略规划，使每个成员都能向团队战略看齐？尽管我们很想给你一个更好用的表单，为你撰写简明战略规划提供捷径，但这种方法并不可取，因为我们的目标是化繁为简，而非过度简化。也就是说，我们可以做的，是提供一个概念框架，帮助你和团队制定一个简明战略规划，并且与你分享如何避免掉入某些陷阱，在与领导者一起制定简明战略规划的过程中，我们已经看到这样的陷阱比比皆是。你们需要投入时间，让团队围绕共同目标保持一致，同时制定一个简明战略规划来实现这些目标，并确定好衡量进展的方法。创建一份简明战略规划就如同设定火箭的发射轨迹，哪怕只是偏离了几度，随着时间的推移，你们也会与目标相去甚远。这个过程需要耐心和时间，但这份耐心是值得的，你们的战略将得到快速执行。安永会计师事务所（Ernst & Young）美国公司董事长兼执行合伙人、美洲区执行合伙人凯利·格里尔（Kelly Grier）说："在这个职位上，我有幸在正式掌舵之前拥有 9 个月的过渡期。其间，我带领团队进行了一次战略更新。我们审议了每一个决定，分析和辩论了每一组数据，最终达成一个共同的愿景。我们通过诚实的对话建立了信任，并做出全面思考的承诺，基于这些，推动了不同的思维方式。"

如何制定一份简明战略规划呢？在此，我们需要重申，**简明战略规划的理念是为了让你与团队开始建设性的对话，而不是提供关于这个话题的最终意见**。与此同时，我们也看到，有一些人已经创建了值得参考的框架，致力于实现同样的简明战略规划及团队的一致性。

CCMP 资本私募股权公司 CEO 格雷格·布伦尼曼（Greg Brenneman）长期以来一直在为美国大陆航空、Quiznos 连锁快餐店、汉堡王和普华永道等公司实施转型战略。他习惯使用"一页纸"的方式分析考量拟加入或拟收购的公司：他把一页纸分成四栏，分别标明市场、财务、产品和人员，然后写下该公司为改善前景可以在每个领域采取的关键行动。

布伦尼曼在其撰写的《马上就办与一气呵成》（*Right Away & All*

*at Once*）一书中写道：“如果我写不出那一页纸的计划，或者难以确定关键的价值杠杆，那么我很快就会意识到将这家公司让给别人会更好。”英特尔公司创造了一种叫作目标和关键结果（OKRs）的目标管理方法，这种简单有效的方法已经被一些公司广泛采用，谷歌就是其中之一。

Salesforce公司的创始人马克·贝尼奥夫[①]通过创建V2MOM架构，即愿景（vision）、价值观（values）、方法（methods）、障碍（obstacles）和措施（measures），让公司的每个人围绕一个共同的目标联结起来。

总而言之，上述方法各有千秋。然而，在与高管及其团队合作的过程中，我们发现，与“战略”一词相同，人们对“使命”和“愿景”等字眼的理解也呈现出罗夏墨迹测验的效果，往往是仁者见仁，智者见智，而且常常会引发关于意义和目的的讨论，从而分散了人们对当前任务的注意力，即制定一个简明战略规划来发展公司。

迄今为止，我们发现的最值得借鉴的就是哈曼国际公司（Harman International）前CEO迪内什·帕里瓦尔（Dinesh Paliwal）开发的一种架构。他说：“如今我们在向董事会汇报的时候，每一项商业战略

① 马克·贝尼奥夫（Marc Benioff）从基层销售员干到甲骨文公司最年轻的副总裁，后离开甲骨文创建了自己的商业帝国——Salesforce，他将自己创业的心路历程记录在《Salesforce传奇》（*Behind the Cloud*）中。该书中文简体字版已由湛庐引进，并由中国纺织出版社于2021年出版。——编者注

都是在一页纸上描述的，上面是非常简明的信息：我们的一句话目标是什么？核心理念是什么？我们正在采取的3个关键行动是什么？我们的3个关键挑战是什么？我们如何衡量12个月的成功？这样一来董事会成员读起来更易于理解。简化信息不仅是一种艺术，而且是一种实践，这绝非一日之功，也不是大多数人与生俱来的能力，这是一项重要的修炼，你必须勤加练习。”

接下来，让我们细看一下帕里瓦尔架构中的每一个元素，各级领导者可以使用这些元素来为特定的团队、项目组或部门阐明目标和战略。

如果用一句话概括该架构的核心信息，那正是对沙雷尔的经典提问“你究竟想说什么”的最佳回答。**它不是关于你们要做什么，也不是对业务或总体方向的描述，而是关于你们打算实现什么目标。**在团队工作中，我们发现切换场景有助于让大家的讨论聚焦。你可以想象这样的场景，你正试图从一群持怀疑态度的投资者那里筹集资金，或者正在准备一份要讲5分钟的3页幻灯片给那些不耐烦的董事会成员看，他们想知道：“我们给你们这么多资源，你们究竟在做什么？”又或者，你想招聘一个业内的优秀人才，对方已经拿到了5家行业头部公司发出的录用意向书，他需要从中选择最终加入哪一家公司，你必须拿出既大胆又独特的理由来说服他加入你的团队。那么，你打算如何胜出呢？

在纽约时报公司 2015 年发布的一份文件中，我们可以找到关于此类简明战略规划的范例。当时，公司的前景看起来不容乐观。几十年来的业务基础，不仅来自平面广告的收入正在迅速下滑，来自数字广告和数字订阅的收入也增长缓慢。基于这样的背景，领导团队制定了一个雄心勃勃的目标："在未来 5 年内将数字业务收入翻一番，到 2020 年，纯数字业务收入超过 8 亿美元。为了实现这一目标，我们必须将数字订阅用户的数量增加一倍以上，这些用户是我们的消费者基础，也是我们广告收入模式的基础。"这一目标非常符合典型的"言简意赅的表达"，是什么、为什么、怎么做，全部浓缩在这两句话里。

有了这样一个明确的目标作指南针，现在是时候开始在地图上规划具体的行动路线了。为了实现这一目标，你们会采取哪些重要的举措？**重要的举措最多不应超过四项，而且不应包括你们目前已经在做的工作。**你们将在哪些地方加大力度重点应用资源？在纽约时报公司，这样的举措包括发展国际受众群、通过创造更具吸引力的整合广告体验来发展数字广告业务、收取额外费用、改善用户体验等。

一旦实现远大目标的重要举措得以阐明，那么你们的组织架构图就应当体现这些举措并为之分配顶级的人才。私募股权投资公司 CD&R（Clayton，Dubilier & Rice）的董事长唐·戈格尔（Don Gogel）经常在战略评估会上提到这一点。

戈格尔说："我们需要关注的最重要的问题之一，就是最优秀的人是否在从事最关键的项目。我们会通过以下 3 个问题来讨论：公司的五大优先事项是什么？谁负责人员的安排？这些人向谁汇报？一些公司通常会把优先级最高的项目交给资质低几级的人，之所以这样做是因为这些人的时间更充裕。但如果这些真的是最重要的项目，你就必须让最优秀的人去做。否则，你等于是向公司发出混乱信号。**确保最优秀的人负责公司最关键的项目，这一点至关重要。**但大多数公司都忽略了这一根本点。”

在明确了三四个大目标之后，同样重要的是要清楚公司所面临的挑战。这对某些高管来说可能是一桩难事，尽管他们完全意识到了不利因素，但还是宁愿做鼓舞人心的啦啦队队长。

2014 年，纽约时报公司迎来了“见光”的时刻。当时，一份名为《创新报告》（*Innovation Report*）的新闻部内部报告被泄露给网络媒体 BuzzFeed 并公之于众。这份报告原本是为公司内部的少数领导者准备的。《创新报告》（布赖恩特是负责调查并撰写这份报告的新闻部成员之一）用直白的语言记录了纽约时报公司当时面临的诸多挑战，包括孤岛文化、对纸质报纸和网站主页过度且过时的关注，以及对 BuzzFeed 公司、赫芬顿邮报和其他网站有效使用的受众发展策略的滞后采纳。当然，要达到同样令人清醒的效果，实际上有比泄露内部报告更轻松、更公开的方法，那就是领导团队在内部承认公司面临的挑战，这样做的目标是让大家对未来的困难达成共识。

最后，你们还需要有一种衡量进度的方法，即计分机制。在纽约时报公司，关键的衡量指标是数字订阅用户的增长，因为公司很多业务都遵循单一的衡量标准——更忠诚的读者吸引更多的广告商。我们将在第 4 章中分享更多关于数字转型的案例研究，但请留意，纽约时报公司已经执行了其简明的转型规划，提前实现了数字营收 8 亿美元的宏大目标。

那么，纽约时报公司这一案例换到其他公司或行业能行得通吗？当然不行，因传统的商业模式不可持续而寻找新方向的这种紧迫性，并不存在于横跨不同行业拥有大量业务组合的老牌跨国公司内，也不存在于战略基本上已经奏效的公司内。这就是为什么化繁为简是如此重要的一个试炼。

制定简明战略规划来激励组织为共同的目标注入能量，这是领导者的工作。做对了，所有人都有一个清晰的方向，有力量实现蓝图，进而团结一致，争取在市场中取胜。但如果没有抓住重点，就会给出缺乏清晰度的规划，于是人们只会专注于自己的工作，不知道他们的工作与更大的目标之间有何关联。

## 制定简明战略规划的 5 个建议

在与众多领导团队的合作中，我们发现当他们开始制定一个简明战略规划时，通常会出现一些挑战。因此，请谨记以下建议。

## 关注结果而非优先事项

与其围绕着“我们要优先做什么”设定讨论框架，不如扪心自问“我们需要实现什么”。“接下来的12个月里完成哪三四件事就能使我们拥有一个丰收年？”这是耐克公司CEO约翰·多纳霍（John Donahoe）与其领导团队采取的思路和策略。他说：“为了优先而优先是危险的，优先事项必须与特定的结果相匹配，必须可测量，但并不一定总是定量的，我会写下希望能达到什么目标，比如在明年推出一两款新产品。并不是每件事都有衡量标准，关键是我们是否实现了那个结果，我们能否确定实现这个结果需要解决的具体问题。”

安泰保险（Aetna）的前CEO罗恩·威廉姆斯（Ron Williams）用了一个巧妙的比喻来帮助团队推进对规划过程的思考，使他们关注具体的结果。

他说：“我向团队解释战略的方式非常简单，所谓战略就像是有一台时光机，你坐进去，往未来走5年。然后走出去，仔细观察未来世界正在发生的一切。最后谁取胜了？为什么他们能够取胜？这是怎么回事？就这样，你坐进时光机，然后再回来。战略是通向未来的桥梁，有助于大家对齐目标，为公司提供了极大的清晰度。因为你所描绘的愿景是生动清晰的，人们知道你如何定义现实，知道你要把公司带到哪里，这有助于人们产生希望和雄心。当你们上下一心、协调一致的时候，就可以让整艘船在水上全速前进。规划和战略并不能让这个世界完全按照你们认为的方式展开，其意义在于当情况与预期不一致时，你们确切知道应该改变什么，应该做什么。”

威廉姆斯的时光机比喻也提出了一个重要的考虑因素：**必须预先决定规划的时间范围。对于初创公司来说，1 年的规划可能更有意义，3 ～ 5 年的规划更适合大型成熟公司。**

## 大刀阔斧删繁就简

制定简明战略规划可不是让人任意妄为，其目标是对高管负责的行动做出简明总结。为了达成结果，哪些领域将被关注或得到更多的关注？检查规划文档中使用的动词，如果某个项目以“继续”或类似的词语开头，那么，它就不应当出现在列表中，因为这大概是你们公司一直在做的事情。

此外，还要删去华丽的形容词和晦涩的专业术语。这是 AMN 医疗保健人力资源公司（AMN Healthcare）的 CEO 苏珊·索尔卡（Susan Salka）从她父亲那里学到的重要原则。

索尔卡说：“我父亲表达的关键点是保持简单并且让身边的人感

到舒服。如果有人在高谈阔论，用一些大词把事情说得特别复杂，或者试图表现得异常老练，他就会说，‘你能把事情分解成牛、鸡和土豆吗？’我曾经认为这样问很愚蠢，牛、鸡和土豆之间有什么关系呢？但多年后我才意识到，他这样做传达的信息是——保持简单，不要使事情复杂化。作为一个领导者，这是我长期以来真正学到的东西。战略和业务可能很复杂，但你必须以一种真正令人易于理解的方式来解释它们。你能否创造一个一线人员能够理解并且明白如何融入其中的愿景？”

**你能否创造一个一线人员能够理解**
**并且明白如何融入其中的愿景？**

苏珊·索尔卡，AMN 医疗保健人力资源公司 CEO

## 走出舒适圈

人们在制定简明战略规划时会遇到一个来自内心的挑战，那就是如果规划做得太好会带来职业风险。相比之下，本着“继续努力从事优先事项”的精神制定一个简明战略规划要容易得多，因为那样你就无须考虑具体结果或目标以确保成功。然而，一份简明战略规划应当足够雄心勃勃，以至于让大家都倒吸一口气，说：“我们真的能做到吗？”与此同时，你们的薪酬计划要与简明战略规划相一致，以激励团队实现共同目标。领导者的工作就是设定一个高标准，但即使是高管，也有不愿意把标准定得太高的个人原因，他们可能已经努力工作了很长时间才得到现在的职位并希望能享受一段时间，所以采取的方法更多是在细枝末节上做一些调整以求“蒙混过关”，这在商业上相当于医生的经典誓言——“首先不伤害”。华平投资前合伙人克里斯·布罗迪表示：“我曾经对一位 CEO 直白地说过，别再跟我说什么‘这是一段旅程’，我想知道的是，你的目的地是哪里！”

## 谨防“专家癖”

有些人往往一头扎进自己的专业领域，对细微差别吹毛求疵，这导致他们很难把自己再拉回到一个“既见树木，也见森林”的距离。实际上，在他们看来理所当然的事物在其他人眼中并非如此。

与我们一起工作过的一位领导者说：“所谓的专家对简明战略规划的要素不予考虑，把它当成不言自明的事情，‘就像母爱和苹果派一样人人皆知’。”他们深入研究的是更细致、更聚焦于内部的问题，比如，下个季度计划的决策权和预算。他们并不关注为了赢得市场应当采纳的关键举措。

有效简明战略规划的一大特点在于，它可能看起来平淡无奇，就像迪士尼 CEO 艾格为推动公司发展所用的 3 项策略一样简单。你可能会说:“嗯，当然，不然还能是怎样的呢？”但事实上，他的3项策略一直是迪士尼长期增长的动力，也是艾格本人在这个职位上取得成功的关键。

除此之外，还有一个原因会让人们迷失在专业领域，即处在复杂性中的人们会抱有一种工作上的安全感——“我是唯一一个真正了解这有多么复杂的人，所以公司不能没有我”。领导者的工作是抓住重要事物的本质。CCMP资本私募股权公司CEO格雷格·布伦尼曼说：“如果你问CEO们‘哪些事情很重要’，许多人会给你一份长达21页的优先事项清单。这可行不通，你能将它们简化到一页吗？”

## 对目标群体进行压力测试

你怎么知道你们做对了呢？在你和领导团队制定了一份简明战略规划之后，就应当开始对主要目标群体进行压力测试了，这其中包括员工。如果你是CEO，可能还要包括主要董事，因为最终需要董事会同意这些做法。在你们的规划中，清晰的是什么？不清晰的是什么？欠缺的是什么？员工是否了解他们的工作将如何融入这一规划？他们知道每天应该关注什么吗？为什么这很重要？他们是否清楚衡量进步的计分机制？这项战略是否简单好记到足以通过“走廊测试”（随机叫住十几个开会间隙在走廊上走动的员工，让他们说出这一战略）？你会听到相同的答案，还是十几个不同的答案？对于所有的关键受众，包括员工、董事、客户和投资者，这份规划应该是一致的。

**如果你问 CEO 们“哪些事情很重要”，许多人会给你一份长达 21 页的优先事项清单。**

——

**格雷格·布伦尼曼，CCMP 资本私募股权公司 CEO**

假如你已经完成了上述所有工作，并且拿出了一份干净利落的简明战略规划，公司的每个人对规划都很清晰并渴望一起开始工作，那么祝贺你，作为领导者，你已经成功了一半！

现在，你需要遵循一个重要的领导原则——**在领导工作中没有所谓“过度沟通”这回事。你必须不断重复你们的规划，无论你觉得这样做是否多余。**办公家具公司赫尔曼米勒（Herman Miller）的 CEO 安迪·欧文（Andi Owen）表示：“起初，我想知道同样的话我得说多少遍。然后我意识到这里有 8 000 名员工，几乎在我去的每个地方，员工都是第一次见到我。我必须一遍又一遍地重复那些核心信息，因为我的工作就是指明方向、充分沟通并鼓舞人心。我本以为自己会花更多的时间做其他事情，但是实际上，我一天中的大部分时间都花在了沟通上。”[7]

欧文的观点得到了希尔顿全球集团 CEO 克里斯托弗·纳塞塔（Christopher Nassetta）的认同。他说：“作为一位领导者，尤其是大型公司的领导者，你必须小心谨慎。你常常会发现自己在多次交流同一件事，以至于自己都听腻了。所以你可能会改变你的表达方式，或者简化它，因为你真的已经说过很多次了，你认为地球上没有其他人想听了。但是，你不能停下来，有42万人需要听到这句话，我怎么说都不够。对我而言平淡无奇的旧新闻，对很多其他人来说可能就不是这样了。这是我在更大型的公司中工作时学到的重要一课。"

不断重复、不断提醒这一策略的必要性似乎令人费解。毕竟人们都很聪明，周而复始，大概都可以记住一份简明战略规划的关键部分。为保险行业开发软件的Guidewire公司的董事长兼联合创始人马库斯·鲁（Marcus Ryu）的见解为这件事的必要性给出了一个解释："我逐渐意识到，无论你的单个交流对象有多聪明，只要集体的人数越多，集体的智商就会越低。所以，如果集体中有两三百个爱因斯坦，那么你仍然要像对待普通人一样对待他们。随着受众越来越多，你的信息必须越来越简单，要点列表必须越来越简短。"

杰夫·武莱塔（Geoff Vuleta）是A King's Ransom咨询公司的创始人兼CEO，我们可以从他发出的警告中得到不断重复、不断提醒如此重要的第二个原因："永远不要给员工留空白，不要这样做，因为员工会本能地猜测有什么不对劲了。"和自然界一样，商界也不喜欢真空，如果领导者什么都不说，那么员工就会有自己的解释，他们通常会倾向"阴谋论"或想象最坏的情形，这种不确定性会制造出弥漫四周的传染性焦虑。

**永远不要给员工留空白，不要这样做，**
**因为员工会本能地猜测有什么不对劲了。**

——

**杰夫·武莱塔，A King's Ransom 公司创始人兼 CEO**

Absolute Software 网络安全公司的 CEO 克里斯蒂·怀亚特（Christy Wyatt）说："员工会从你原本无心的地方解读出更多的意义，会在留白处编故事。" 在他领导好科技（Good Technology）公司时，这一规律体现得淋漓尽致。和硅谷大多数公司一样，这家公司的茶水间里备有免费的零食和饮料。有一次，公司决定更换零食供应商，新供应商接手的前一周零食供应不足。怀亚特说："因为我们什么都没说，食物开始少了，人们就开始传言'要裁员了，不好的事情即将发生'。后来，我不得不在全员会议上强调我们只是更换茶水间的坚果供应商，仅此而已。但人们寻找的是征兆，是可能根本不存在的意义。所以现在我们必须'过度沟通'，既要谈大事，也要谈小事，从而确保人们不会胡思乱想。"

FM Global 财产保险公司的 CEO 汤姆·劳森（Tom Lawson）在分管公司研究小组的工作时也得到了类似的教训。有一天早晨他上班迟到了，外面还下着雨，他跑过停车场，到公司时全身都湿透了。于是，他从前台接待员身边匆匆走过，走进他的办公室，关上了房门。大约 3 小时后，研究小组的主管敲门说："我们遇到了一个问题。所有人都在说，公司陷入了财务困境，我们的研究工作将被外包出去。"劳森愣住了，问为什么会这样。主管说："因为在咱们公布财务报表的这一天，你径直走进大楼，却没和任何人说话，还关上门，把自己锁在里面。"事实上，公司的财务状况良好，根本不存在什么财务困境，但这件事给劳森上了一课，让他明白了自己的行为可能会被误解。他醒悟了："实际上每个员工都一直在关注你，不只是你说了什么，还包括你如何行事。如果你不交流，员工就会自己编出各种故事，而这些故事往往可能是负面的。"

不停地重复公司的策略，就要做好被嘲笑的准备。如果你的员工翻着白眼，在你开口之前说了你要说的话，那么，你就可以把这当成是一种胜利，因为他们已经内化了你传递的信息。要做到这一点，需要做的沟通比你想象的要多得多，而且还要以各种形式进行，如全体会议、邮件群发、网络广播等，所有这些都是应对组织中集体注意力持续时间短的必要方法。

美国女子篮球协会前主席劳蕾尔·里奇（Laurel Richie）说："你告诉人们，'这是我们前进的方向，这些是我们的首要任务'，然后你就能感受到人们有多么频繁地偏航。我总是说，我们工作的首要任务就是把所有兔子都关在盒子里。最开始，所有的兔子都在盒子里，看管兔子的人跑去做别的事情。然后一只兔子跑了出来，你去帮忙把兔子抓回来，接着又一只兔子跳了出来……越是有兔子跳出盒子，我就越意识到，在沟通我们的优先事项和应当关注哪些方面上，我做得还不够好。”

所有的领导者都有自己的盲点，即他们认为自己的表现和员工对他们的看法之间脱节了（在这里，员工的看法指的就是现实情况）。最大的分歧之一就在战略上。领导者头脑中清晰而简单的事情，在其他人看来往往并不是。在商业环境中，存在着一股让事情变得比实际情况或应该的情况更加复杂的强大力量，因此领导者的工作就是要化繁为简，提供另一种力量与之抗衡，并制定出人人都能理解、都能记住、都能知道如何为成功做出贡献，而且不包含任何术语的制胜规划。当然，随着时间的推移，这样的简明战略规划将从各种规划的结果中获得新的见解，从而有所发展。但关键的是要有一份清晰的规划，这样你们就知道当市场环境发生变化时要做什么，以及为什么要做出调整。

**我总是说，我们工作的首要任务就是把所有兔子都关在盒子里。**

——

**劳蕾尔·里奇，美国女子篮球协会前主席**

沙雷尔常常提的那个好问题——“你究竟想说什么”就是一种有

效的简明表达，可以帮助你在公司内部养成化繁为简的习惯并设计出简明战略规划，确保每个员工都围绕着明确的目标、实现目标的举措、面临的挑战以及衡量进展的计分机制达成一致。

THE CEO TEST　　卓越领导力修炼秘籍

### 制定简明战略规划的 5 个建议

- **关注结果而非优先事项。**将讨论框架从“我们要优先做什么”转变为“我们需要实现什么”。确定在接下来的 12 个月内，实现哪三四件事能够显著提升组织的业绩。
- **大刀阔斧删繁就简。**检查规划文档中的动词，去除以“继续”或类似词语开头的项目。删去华丽的形容词和晦涩的专业术语，保持简单。
- **走出舒适圈。**简明战略规划应当足够雄心勃勃，让大家都感受到挑战。薪酬计划要与简明战略规划相一致，以激励团队实现共同目标。
- **谨防“专家癖”。**避免陷入专业领域的细节，要抓住重要事物的本质。
- **对目标群体进行压力测试。**检查规划中的清晰点和不清晰点，确保规划简单好记，能够通过“走廊测试”。

# THE CEO TEST

## 试炼 2

## 你能将企业文化变成一件实际且重要的事吗

**打造强大的企业文化，**

**既需要自然生长，也需要有意为之。**

企业文化可以棘手到令人抓狂。首先，人们对企业文化的重要性存在着不同的看法。鉴于企业文化没有出现在资产负债表或利润表的任何地方，有些人完全避而不谈，对涉及情感的内容感到不耐烦，他们更感兴趣的是可以从电子数据表中分析出什么。许多人认为企业文化的确立不过是勾选几个复选框，列出泛泛的价值观清单，放在公司网站"关于我们"这一部分，之后就再也无人问津了。

其次，关于企业文化的话题也容易引起人们的冷嘲热讽。似乎每隔几个月，就会有一家公司陷入自作自受的丑闻，而对此类问题的诊断不可避免地会指向企业文化问题，包括公司推崇的价值观与员工（尤其是领导者）的行为方式之间的奥威尔式鸿沟（the Orwellion Gap）。例如，当特拉维斯·卡兰尼克（Travis Kalanick）执掌优步（Uber）时，他大力提倡的一个价值观是"有原则地对抗"。然而有一段视频在网上流传开来，视频中卡兰尼克乘坐着优步司机的车，因与对方在费用问题上出现了分歧，他大声训斥那名优步司机说："有些人不喜欢为自己负责，他们把生活中的一切问题都归咎于别人。”

企业文化也可能是令领导者沮丧的根源，尤其是在一个员工敢于发声的时代，领导者无力单方面影响并塑造企业文化。员工的要求越来越高，他们把话题转向“员工能够并且应当从公司得到什么”，而不是“公司需要什么”。

硅谷的公司带头鼓励员工全身心投入工作，许多员工把公司提出的“员工有责任表达不同意见”放在心上，他们经常通过社交媒体发声，要求对公司的一切问题拥有发言权。例如，3 100 名谷歌员工在 2018 年签署了一封发送给 CEO 桑达尔·皮查伊（Sundar Pichai）的信，抗议谷歌为军队开发人工智能技术。他们写道：“我们认为谷歌不应该参与战争。”2020 年初，阿歇特出版集团的员工就反对公司的伍迪·艾伦回忆录出版计划举行了罢工，最终迫使出版商撤回了该计划。在“乔治·弗洛伊德（George Floyd）之死”引发广泛抗议期间，数百名 Facebook 员工举行了一场“虚拟罢工”，抗议公司对唐纳德·特朗普总统发布的煽动性帖子袖手旁观。领导者可能会为民主的理想鼓掌，但他们可能不会想到他们做出的每一个关键决定都可能被员工审判。

尽管领导者可能容易对此灰心丧气，甚至想举手投降，但建立强大的企业文化仍是领导层的当务之急，是决定他们能否成功的第二个关键试炼。在最佳状态下，强大的企业文化可以帮助公司创造一个员工梦想加入的独具特色的“俱乐部”，一旦员工成为其中一员就会一心守护它。如果企业文化建设到位，还会更深刻地影响员工的自我感受，在理想情况下它会以与企业目标相一致的方式体现出来。黑人娱乐电视（Black Entertainment Television）的联合创始人罗伯特·L. 约翰逊（Robert L. Johnson）说：“员工认同企业文化，相信企业文化。他们可以容忍一点点相悖的观点，但不会容忍太多。”

如今，工作体现了人们的主要社会角色，即人们的立场是什么，想做出什么贡献，希望成为什么样的人。如果没有明确统一的行为准则，如果高管没有以身作则，率先垂范，企业文化就会出现功能障碍，成为让员工充满不安全感、引发恐惧和混乱的蜂巢。没有统一的行为准则，非但不能激发出员工最好的一面，反而可能刺激出最坏的一面，就如同有人创造了一个没有规则和裁判员的运动项目。

需要明确的是，并不存在什么“正确”的企业文化。一家初创公司的企业文化肯定不同于一家拥有 150 年历史的全球 100 强公司的企业文化，创意公司的企业文化也会比医疗保健行业公司的企业文化更加自由，因为在医疗保健行业，客户的生命常处于危险之中，所以他们的企业文化更加严谨。

即便如此，明确企业文化重要性的领导者们仍会深思熟虑并且一次又一次地提出一些实践方法，包括明确领导者基于公司的价值观期望员工表现出来的行为，利用季度和年度奖励等机制强化这些行为，并在做出雇用、晋升和解雇员工的决策时评估这些行为。公司必须定期进行员工调研，询问员工公司管理者的行为是否符合既定价值观。如果没有这样一个严格的过程来访查员工的感受，领导者就只能依靠传闻盲目行事。最重要的是，公司高管必须秉持这些价值观并以身作则，这样他们才能言行一致。**当企业文化更像是一个坚实的平台，而不是员工脚下的流沙时，员工才更有可能对企业文化拥有主人翁意识。**

为了让这些主题理念变得鲜活，我们将详细分享一家公司建立其企业文化的实际方法。这家公司是总部位于旧金山的云通信公司 Twilio，在这里再次重申，我们并不是说 Twilio 的企业文化比其他公司更好，只是它的确为我们提供了一个丰富生动的案例，说明了一家公司可以如何打造出强化的良性循环，从而确保所有员工理解并在强大的企业文化中工作。Twilio 的联合创始人兼 CEO 杰夫·劳森（Jeff Lawson）对企业文化有着深刻的思考，我们将在整个案例中分享他有关扩音器的隐喻及更多独到的见解。

## 像重视操作系统一样重视企业文化

劳森年少时即开始创业。他在底特律长大，12 岁时就创办了自己的第一家公司，为婚礼、生日派对和成年礼拍摄视频。到高中毕业的时候，他每个周末都能挣几千美元。在十几岁时仅有的一点空闲时间里，他还学会了编程，并为朋友父亲的公司编写计算机程序，该公司为工业打印机提供软件。在劳森看来，已故的祖父对他早期的职业观影响很大。人们都亲切地称他祖父为“维克爸爸”。祖父经营自己的油漆生意 40 年，在卖掉了油漆产业之后，他仍然坚持工作到 90 多岁，一直有人开车载着他向零售商推销油漆配件。“他一直在做这份工作，直到他去世的那一天。”劳森说，“底特律所有五金店的老板都来参加了他的葬礼。这实在是太了不起了。”

后来，劳森在密歇根大学学习电影和计算机科学，并开设了几家公司，其中包括“免费笔记”（Notes for Free）。该公司雇用大学生将课堂笔记抄录到一个网站上，然后免费发放，他们通过在网站上销售广告赚钱。劳森从投资者那里筹集了一些资金来发展业务，他在大学四年级时辍学，全职打理这家公司。他们曾经在密歇根州的安娜堡有大约 50 名员工，在 1999 年底又将所有员工转移到硅谷。和许多管理新手一样，劳森在他的第一家公司里几乎没有时间也没有兴趣去多想什么企业文化，尽管他确实明白，无序的氛围不利于公司网罗到更有经验的专业人才。

劳森回忆说：“我想那些候选人到我们公司转一圈后，肯定会想，‘这到底是家什么样的公司啊？’我们足足花了 9 个月的时间却没能招聘到一名高级技术人员。当时我并没有想太多，因为我太缺乏经验，没有意识到这一点，现在回想起来，我意识到我们根本没有专注于打造我们的企业文化，当时的状态过于杂乱无章。专业人才会认为这家公司没有什么伟大的目标，也没有明确的企业文化，公司的人简直是乌合之众。当我们还在安娜堡的时候，这种状态还行得通，但到硅谷就不行了。这里的人太知道好的企业文化是什么样了。当不具备这样的企业文化时，公司就没有吸引力，因为人们不知道自己将要加入的是一家什么样的公司。”

后来，劳森将“免费笔记”的业务卖给了一家正在申请上市的对手公司，但由于这是一笔股权交易，所有人的股票很快就在互联网泡沫破灭时蒸发殆尽。

之后，劳森又创办了另外两家公司。2004 年，他加入亚马逊担任技术产品经理，这个职位给他上了一堂关于企业文化重要性的速成课。亚马逊并不适合所有人。多年来，它强硬的企业文化一直受到批评，但无可争辩的是，它成功地将其领导原则——“发明和简化”“对行动的偏爱”“不同意和承诺”，纳入日常工作中。

劳森说：“我们每天都了解着、说着、用着这些原则，它们不仅是墙上的文字，不只是关于你能做什么和不能做什么的规则，而是试图回答以下这些问题：我们怎样才能一起变得更聪明？我们怎样才能一起完成工作并且让大家都能理解对方在说什么？我们如何做出正确的决策？因此，在离开亚马逊时，我明白了企业文化就像操作系统一样重要。”

**在离开亚马逊时，我明白了企业文化**
**就像操作系统一样重要。**

——

杰夫·劳森，Twilio 联合创始人兼 CEO

大约两年后，也就是 2008 年 1 月，当时还不到 30 岁的劳森与另外两位联合创始人埃文·库克（Evan Cooke）和约翰·沃尔休斯（John Wolthuis）在一家咖啡店萌生了创办 Twilio 的想法。创业维艰这一点众所周知，雪上加霜的是，他们是在金融危机的艰难时刻创办的这家公司，当时很难从投资者那里筹集到资金，于是，他们从家人和朋友那里借钱创建了所谓的最小可行性产品。劳森和妻子艾丽卡甚至变卖了未打开的结婚礼物，才筹集到另外 2 万美元资金。

## 企业文化必须是全员意见的输入

建立价值观是公司的必经之路，关于创建价值观的正确时间、正确方式以及正确做法历来存在着不同的观点。一些创始人认为，应该在公司成立的早期就把价值观写下来，为公司奠定坚实的基础；一些人认为，经过一段时间，在企业文化演变后再开始提炼更为适宜。一些人认为，价值观应该是崇高的理想和远大的抱负；一些人认为，价值观应该对他们希望提倡和阻止的具体行为有更多界定。一些人认为，价值观的值集不应超过四个以便人们记忆；一些人认为，数字在这里并没有那么重要。

劳森和其他联合创始人决定等几年再确立公司的价值观，直到公司的雇员规模扩大到大约 60 人。他说：**“定义公司的企业文化既是一个自然而然的过程，也是一个有意为之的过程。你不能生硬地制定一种企业文化。**你们可以思考你们是谁，想成为谁，你们真正重视什么，但这需要一些时间。我把公司建设比作一个人的成长。当你还是个孩子的时候，你不知道自己是谁。作为一名青少年，你会试图弄清楚，你会经历不同的阶段，看看什么是对的，什么是错的。最终，在经历所有这些发现过程后，你开始明白作为一个成年人，你是谁。一家公司的成长亦是如此。在早期，我们粗略地尝试了一下践行自己的价值观，但并没有太过虔诚地坚持什么，因为那个时期我们还不知道自己是谁，我们可以足够灵活地说，让我们继续了解自己。当公司的员工数量达到 30 ～ 100 人时，那就是真正需要开始将公司的结构和传播企业文化的机制正规化的时候。在那之前，你们还不知道公司的企业文化是什么，很可能会搞错，如果你们太执着于早期的那些价值观，实践可能会证明它们是错的。但是，如果你们等得太久，又可能会发现自己已经处于非常危险的境地。”

劳森总是小心翼翼地使用“清晰阐明”这个词来描述写下一套价值观的行为。他说：“你不能编造价值观，你可以做的是，清晰阐明已经在你们当中存在的东西，然后给这些东西配上相应的描述语言，这些语言就像是有形的抓手。因为没有抓手，你可能会说‘我每天上班的时候都会有一种感觉，但我不知道具体是什么感觉’。一旦你给出了谈论这些重要事情的抓手，就可以在召集会议或做决策时引用它们。但如果你没有什么抓手，价值观就只是一种无形之物，肯定有被稀释或被消磨的风险。对我来说，清晰阐明这些价值观就是用最准确的语言来描述工作时的感受。”

在 Twilio，清晰阐明价值观的活动从劳森召集了 12 名对建立企业文化最积极的员工开始。他把大家聚在一起共进晚餐，并向他们提出一个挑战："现在是我们阐明公司价值观的时候了，我们的工作是找出 Twilio 之所以如此'Twilio'的原因，并用语言表达出来。"通过那一次头脑风暴，大家提出了大约 100 个想法。然后劳森自己动手整理出一个清单，把表达不同意思的词分组，并使一些语言变得更精炼。之后，他又先后两次把小组召集到一起，共同修正价值观的新版本。最终他给大家一份包含十几个价值观的清单，让小组的每个成员投票，选出他们认为说到了点子上的价值观和可不予考虑的价值观。

劳森希望在这个过程中有一群关键员工参与，这些人会在同事中捍卫这些价值观，随后劳森让他们在公司全体会议上发布这些价值观，他煞有介事地用《出埃及记》的口吻说："从山上拿着法版走下来的不只是杰夫。"尽管如此，他也不认为确立价值观应是一个纯粹的民主过程，虽然每个员工都有平等的投票权。劳森说："我是 CEO，也是联合创始人，我的工作就是把这些做好。所以我得控制整个确立过程，并对我们将要使用的词汇有最终发言权，我把大家聚在一起，认真听取每个人的意见，但归根结底，这是我的工作。你不能把它外包给人力资源部或仅靠在全公司范围内进行民意调查，掌控整个过程是 CEO 的工作。”

尽管这份早期的价值观清单上有一些表述你可能在其他公司的价值观清单上看到过，比如“谦逊”“赋能他人”，但其中有两个表述与众不同。第一个与众不同的表述是“画猫头鹰”，这来自一个半开玩笑的网络梗，它用两张画板来解释如何画猫头鹰。第一张画板显示画了三个重叠的圆，标题是“步骤 1，画几个圆”。第二张画板则显示了一只完全画好的猫头鹰，标题是“步骤 2，画出猫头鹰的其他部分”。“画猫头鹰”的意思是，凡事都要自己直接扎进去搞明白，而不是去找一本 100 页的说明书慢慢学。这一价值观清单刚发布就在 Twilio 迅速传播开来，并立刻被员工挂在嘴边，作为这家初创公司内部通用的简略表达。

第二个与众不同的表述是“不搞阴谋诡计”。劳森喜欢这样清晰又口语化的表达。他补充说：“你知道什么是阴谋诡计，什么不是。当你在搞阴谋诡计或者看到阴谋诡计时，你会知道的。你可以大声说出来，人们都会明白。我们希望描述价值观的词语能让人脱口而出，这样方便人们使用、记忆、理解这些价值观。所以我们会自问：这些词语能成为话题标签吗？我们有必要思考话题标签的属性——难忘、好用、可在谈话中随时抛出、每个人都知其含义。”

**我们希望描述价值观的词语能让人脱口而出，**
**这样方便人们使用、记忆、理解这些价值观。**

——

**杰夫·劳森，Twilio 联合创始人兼 CEO**

这一点确实值得强调。亚马逊和微软的企业文化都是以单一短语形式而闻名，这些短语本身就可以成为话题标签。亚马逊的创始人杰夫·贝佐斯长期以来一直倡导“第一天”心态，提醒员工每天都要像在创建一家初创公司一样对待工作，不要陷入“因为我们一直都是这样”的陷阱，这样的陷阱可能会减缓大公司的创新速度。在微软，萨蒂亚·纳德拉要求公司的企业文化从“无所不知”转变为“无所不学”，这得益于他从《坚毅》（*Grit*）的作者安吉拉·达克沃斯（Angela Duckworth）那里了解到的固定型思维与成长型思维这两种截然不同的思维模式。

另一个例子是诺华，该公司借鉴了丹麦企业家、《自主领导》（*Unboss*）一书的作者拉尔斯·柯林德（Lars Kolind）的思想，其要点非常简单，即团队最清楚问题的解决方案，所以领导者的工作是支持他们，而不是告诉他们该做什么。诺华首席人事和组织官史蒂文·巴特（Steven Baert）说："如果我们选择了'授权'这一价值观，没有人会提出什么问题，每个人都会说'我明白'。但现在人们更可能会问'你说的自主领导到底是什么意思'，这本身就是一个礼物，因为人们想要讨论这个新词语，这有助于创造一个变革的平台。"

在草拟了最初的包含9项价值观的清单之后，Twilio团队又写了第二份包含8项领导力原则的清单。劳森意识到拥有两份长清单的风险，但他认为团队创造了一套普遍有用的工具。他说："问题在于，你们是宁愿说得少而精（因为用词越少就越有影响力），还是想要一个更长的清单以便确定哪个原则在特定时刻最为相关。"2018年，Twilio收购了另一家公司SendGrid，这次收购使公司增加了大约1/3的员工。SendGrid拥有自己的4个价值观：饥渴、快乐、诚实和谦逊。劳森说："这似乎是我们重新阐明价值观的最佳时机。"

收购促使整个公司进行了一次更新价值观的活动，包括劳森在内的高管团队飞往全球20个办公室，与每个团队探讨公司新的价值观。他们把Twilio的17条价值观和领导原则写在便笺上，再贴到一块大白板上，然后给每个人6张贴纸，3张红的、3张蓝的：让团队成员在最能引起他们共鸣的价值观上贴红色贴纸（红色是Twilio在所有品牌中使用的标志性颜色），在最不能引起他们共鸣的价值观上贴蓝色贴纸。于是，一个清晰的结果出现了。有一些价值观得到很多赞成票，有一些得到很多反对票，还有一些价值观根本就没有被贴上任何颜色的贴纸。

劳森说："最有趣的是那些获得一半红色贴纸、一半蓝色贴纸的价值观。有些人喜欢它们，有些人认为应该去掉它们，这些就是我们需要花时间讨论的问题。很多价值观对不同的人有不同的意义，这取决于他们加入的时间以及我们传播价值观的质量。有些人是很久以前加入公司的，那时我亲自给他们做了 1 小时的价值观演讲。有一段时间是别人讲的，所以人们离开时对这些价值观的含义有着不同的看法。基于这种情况，我们进行了一项练习，即如何在我们的企业文化中获取我们想要的价值观所代表的本质，如何将它们转化为一组词汇，让它们更接近我们的描述方式。"

于是，Twilio 重新列出了 10 项价值观，并将其分为 3 类。

第一类是"我们如何行事"，包括：

- **做主人翁。**作为主人翁，我们了解自己的业务，拥抱好消息和坏消息，为细节精益求精，"捡起垃圾"，长远地考虑，明智地花钱。
- **赋能他人。**我们相信，无论在公司内部还是在公司外部，释放人的潜能是我们成功的关键。保持谦虚，要意识到这不仅仅是我们自己的事。我们为彼此投资。
- **不搞阴谋诡计。**我们总是以诚实、直接和坦率的方式行事。

第二类是“我们如何决策”，包括：

- **想顾客所想。**花时间深入了解客户，从他们的角度解决问题，通过每一次互动赢得信任。
- **写下文字。**我们的业务比较复杂，所以需要花点时间用文字清楚表达你的想法——为了你自己，也为了与你合作的人。
- **坚决分清优先级。**分清轻重缓急有助于分解复杂的问题，并在面对不确定性时提供清晰的思路。决策本身就是一种进展，利用手上可用的信息做出决策并不断学习。

第三类是“我们如何取胜”，包括：

- **大胆。**我们渴望建立一个有意义且有影响力的公司，我们拥抱疯狂的想法。记住，每一个伟大的想法都始于微不足道。
- **包容。**为了实现我们的目标，我们需要在公司里包容各种不同的声音，建立多元化的团队，寻找独特的观点。
- **画猫头鹰。**没有什么说明书，一切全靠我们自己扎进去搞明白，推出来，再迭代。要创造未来，但不要不着边际。

- **不将就。**对自己和他人抱有最好的期望，因为没有什么感受比为自己的工作感到自豪更美妙了。为每个职位聘用最优秀的人。

诚然，在理想情况下，价值观清单应该是公司所有人员的意见展现，且这些价值观应当可以转化为预期行为，但更重要的是高管能否以身作则并不断强化和体现这些价值观，向每个成员展示它们的重要性。

在这一章中，我们更多关注的是行为，而不是公司制定的使命和愿景声明。虽然后者是值得称道的，有关的陈述可以为公司提供一个像北极星一样的明确目标（在理想的情况下，这一目标不应让人难以相信，就像 WeWork 提出的“我们的使命是提升全世界的感知力”），但我们相信，一个公司的价值观以及价值观旨在促进的具体行为，在一个公司的发展中占据更大的分量。它们有助于回答看似简单却往往是领导者难以回答的 3 个问题：作为一家公司，我们试图实现什么目标？为了实现这个目标，我们要关注什么？我们要如何合作？我们在第 1 章描述的简明战略规划有助于突出重点回答前两个问题，而有关价值观的部分则有助于回答第 3 个问题。

## 鲜活的企业文化在于言行一致

一旦公司确立了自己的价值观和期望员工做到的行为，就必须将其融入日常工作中。例如，Twilio 的做法是从招聘流程开始。劳森说因为公司的核心价值观之一是“画猫头鹰”，所以他在招聘环节就试图雇用那些有过良好创新经历的人。他说：“我在寻找那些具备建设者心态的人。所以我会对候选人说‘给我讲讲你的发明吧，可以是你职业生涯或个人生活当中的任何发明’。如果他们答不上来，那就意味着他们不认为自己是一个建设者，因为认为自己是建设者的人会对他们发明的东西感到自豪。”一旦候选人被聘用，劳森或其他高管团队成员就会在入职过程中分享这些价值观背后的故事，包括它们是如何产生的、代表的意义是什么、在实践中是什么样子的，以及它们为什么非常重要。

此外，公司的价值观也会通过人物故事得到强化，公司可以打造出一些“企业文化英雄”，让他们的行为在季度和年度奖励中得到表彰。例如，Twilio 每年都会向那些在价值观方面做出榜样的员工颁发“超级猫头鹰”奖，这一奖项名称源于一个有趣的发现。猫头鹰是 Twilio 的吉祥物，而“超级碗”（Super Bowl）橄榄球冠军赛对很多顾客来说是很重要的比赛。有人发现，如果移动字母 b，“超级碗”就变成了“超级猫头鹰”（Superb Owl），于是 Twilio 就有了这样一个独特的文化奖项。

在绩效考核中，公司会考量员工行为是否体现了公司的价值观，并进行绩效评估，然后决定是否提拔。另外，公司还在一年两次的敬业度调查中收集员工的反馈，了解他们是否觉得公司正在践行既定的价值观。不过，其中最重要的调查内容是各级员工是否在日常工作中用这些价值观来帮助他们做出决定。劳森说："公司的管理者通常用画猫头鹰的方式来指导一个团队绕过路障，或者通过排除其他更像阴谋诡计的选项来指导团队选择一条特定的道路。当你整天听到这些词在被使用时，就知道这些价值观在真正发挥作用了。"

Twilio 的企业文化建设算不上大功告成。公司的首席人才官克里斯蒂·莱克（Christy Lake）于 2020 年初加入，她此前曾在 Box、Medallia、惠普和家得宝等公司任职。莱克希望看到围绕每一项价值观开发出来的领导力课程。

莱克说："重要的是公司的价值观是否真正鲜活。这些价值观会呼吸吗？是公司精神和 DNA 的一部分吗？是通过行为、可观察到的行动、员工的沟通方式以及人们拥护的那些行为所体现出来的吗？这就是了不起的企业文化与糟糕的企业文化之间的区别。公司宣称的企业文化和员工的行为之间一旦出现隔阂，员工马上就会关注到，那么公司就谈不上有一个言行一致的价值体系，这样的公司也就死定了。"

**公司宣称的企业文化和员工的行为**
**之间一旦出现隔阂，员工马上就会关注到，**
**那么公司就谈不上有一个言行一致的价值体系。**

**克里斯蒂·莱克，Twilio 首席人才官**

Twilio 也承认，在多元化方面他们没有达到预期的目标。于是，公司在网站上公布了明确的目标，其中一项是“到 2023 年，女性员工达到公司劳动力的一半”（2020 年初，这一占比为 33%）。此外，他们还使用员工调查数据构建了“归属感与多元化指数”，目标是在全球范围内获得该指数 100% 的得分，且不同群体的得分全面达到同样的水平。与此同时，公司已经建立起一个远比大多数公司更加多元化的领导团队。

多元化和包容性肯定是创建强大企业文化的基础，这一点无须赘述。但是，为了以防万一，在这里还是需要提一个醒，那就是为了能够更快、更创造性地解决问题并发现机遇，我们需要团结具备不同观点、不同背景和独特思维过程的人在一起工作。人口发展创造了一个更加多元化的世界，我们需要能反映已有客户群体及目标客户群体背景的领导者。随着企业争夺人才的竞争日益激烈，我们需要从尽可能大的人才库中吸纳优秀人才。一些公司常常会投入大量的资金和精力来招募各类优秀的员工，但这些员工通常不会留下来，因为企业文化容忍了让他们感到不受欢迎的行为。我们需要兑现承诺，建立一种重视多元化和领导力的企业文化，这将帮助我们招募并留住最好的人才，同时避免员工因公司言行不一而产生不满情绪。社会对企业的要求越来越高，声誉好的企业将得到奖励，声誉不好的企业则会遭到惩罚。

尽管几乎没有领导者会反驳这些观点，但是，许多公司仍未能实现他们所宣称的远大抱负，多年来他们一直在重复使用这些关于多元化的说辞："我们还没有达到目标，但是我们致力于此，希望解决这个问题，而且我们正在取得进展。"这些公司的年度多元化报告可能会显示全公司范围内的数据略有改善，但细究会发现，它们只是在不承担盈亏责任的人力资源、市场营销等工作岗位上增加了一些多样性。

变革之势与日俱增。许多公司承诺建立更多元化的员工队伍，创造更包容的企业文化。比如，许多领导者表示，他们将向致力于解决社会不公的非营利组织提供资金支持，但是，只有一小部分人承诺增加非裔在高管中的比例。在这种情况改变之前，如同罗伯特·约翰逊所说的那样，许多公司做出的承诺和提供的资金不过是一种安慰剂。

多元化和包容性是非常复杂的问题，且会牵涉到多个层面，我们无意显示自己有什么创新性答案，但我们确实希望让人们清楚地看到，为了促进高管团队人员的多元化，我们可以并且应该做些什么。

董事会和CEO必须共同确立多元化和包容性的具体目标，这一目标与实现财务回报、开发新产品和提高关键措施上的竞争力同等重要。领导者的部分奖金应取决于其在多元化和包容性方面所取得的进展，而且，绩效指标应基于取得的实际成果来设计。此外，公司还应当建立一个由不同的领导者组成并承担盈亏责任的高管团队，不能将多元化仅仅停留在员工层面。

为了帮助自己创建的RLJ公司所投资的企业建立非裔高管招聘渠道，约翰逊制定了一项规则，该规则模仿了美国国家橄榄球联盟的“鲁尼规则”（Rooney Rule）——球队在招聘主教练和总经理时要面试少数族裔候选人。在约翰逊的公司，任何总监或总监以上级别职位的招聘都必须面试至少两名非裔候选人。

约翰逊说：“这并不意味着我们必须雇用他们，但让他们参与面试是一种强制性要求，因为如果这个人不适合这份工作，你会把他的名字保存在系统中，他们可能适合下一份工作。如果你确实雇用了一名非裔，那么你就为他个人交际圈中的其他人打开了一扇大门，这些人也可以被考虑。一旦你们考虑到更多的候选人，就会看到最终被实际雇用的人更加多样化。在公司的各个层面都要这样做，甚至在招聘董事会成员时也要这样做，基于实现这些目标的情况来支付部分薪酬可以让人们对此真正负起责任。”

## 各级领导者在企业文化建设中都能发挥作用

Twilio 的例子为创建和培养有效的企业文化提供了许多关键见解，包括他们对增加员工多样性的明确且可衡量的承诺。但像劳森这种白手起家的 CEO 的经验，并没有得到其他领导者的广泛认同。例如，当一位 CEO 被聘用管理一家公司时，如果他发现自己继承的企业文化出现了问题，违背公司现有价值观的行为会得到容忍甚至奖励，那他应该怎么做?

每当一个公司任命了一位新领导，这个公司就会期待某种程度的变化，领导者必须充分并迅速地利用这种期待，运用劳森在 Twilio 使用的许多方法，包括与高管团队进行一场艰难的对话，向他们每个人解释，他们无一例外都要以身作则（解雇一两个经常违反价值观的公司高层，将立即向整个公司传递出毫不妥协地践行价值观的信号）。领导者可以委托一个由一群锐意进取的管理人员组成的工作小组来重新审视并修订这些价值观。此外，还可以建立一个更加理性的体系，调查员工对企业文化的意见，并对员工提出的反馈迅速采取行动，让员工感受到公司在倾听他们的意见。

如果在一种功能失调的企业文化中工作，CEO 以外的管理者将面临更大的挑战，因为他们没有 CEO 所拥有的进行全面变革的权限。在这种情况下，这些管理者可能会认为自己在企业文化中扮演一种更为被动的角色，认为公司的基调是由高层设定的，已经超出他们自身的控制范围。他们甚至可能会举手投降，指责抱怨“这个地方”，把企业文化中的任何缺点归咎于一个莫须有的“他们”。

我们在咨询工作中遇到过许多高管，他们对自己公司的企业文化问题做出了精确的“诊断”并以此为荣。然而，在某种程度上，他们没有意识到，作为领导者，他们本身就有责任帮助建设公司的企业文化，而不是一味批评公司的企业文化。无论是否愿意承认，他们都是自己所抱怨的“他们”的一部分。实际上，各级领导者都可以发挥作用。在他们自己的团队和可控制范围内，他们可以明确提出希望下属遵守的行为，并确保他们自己也是这么做的。在很多方面，这是一个心态问题。所有员工，尤其是管理层，必须确定他们是否要承担起建设企业文化的责任。也就是说，他们自认为是“司机”还是“乘客”？

Guidewire公司联合创始人兼董事长马库斯·鲁用一针见血的隐喻指出了二者的区别。他分享了自己给员工写备忘录的事，他在Glassdoor网站上看到了一些关于他们公司的反馈，由此产生了灵感。Glassdoor是一个雇主点评网站，无论是在职的还是离职的员工都可以在那里匿名发表对雇主的评价。Guidewire公司总体上得到了很高的评价，但马库斯发现自己对其中的一些帖子感到恼火，不是因为他脸皮薄，而是因为他对“员工在全世界都能看到的情况下，仅仅是批评自己公司的企业文化，而没有采取进一步的行动”有一个哲学性的思考。

马库斯说："当你是一个消费者时，你会写一些评论。如果你住在一家酒店，有一段不错的体验或不好的经历，你可以在网上写一篇评论。如果你买了一个不喜欢的产品，你可以在亚马逊上写一篇评论。但是，如果你是一名雇员，你不会写自己公司的评论，就像如果你是一个美国人，你就不会写关于美国的评论一样。你是这个国家的公民，你可以批评它，但你作为一个公民的责任并不是写一篇评论就能履行的，这完全是错误的范式。你不是在消费你的公民权。你是一个公民。一个公民应当说的是'我想属于这个集体，因为我相信它的行为原则。我希望它成功，因此我有责任'。公民有义务让他的国家继续发展。"

**如果你是一名雇员，你不会写自己公司的评论，就像如果你是一个美国人，你就不会写关于美国的评论一样。**

——

**马库斯·鲁，Guidewire 公司联合创始人兼董事长**

如果你同意马库斯的逻辑，那么对所有领导者的一个试炼将是：你能创造一种企业文化，让团队成员愿意拥抱它并为之做出贡献吗？建设企业文化是 CEO 和高管的工作职责，他们要定义、示范、执行并评估企业文化。他们必须不断谈论企业文化，颂扬体现企业文化的"英雄"。对管理层的评价必须看他们在多大程度上塑造了企业文化。

企业文化应该通过价值观和公司所期望的行为来展现，并不时地接受审查，从而实现与时俱进，适应公司当前的业务环境。

总是违反企业文化的管理层，无论他们的工作表现如何都必须严肃处理，这样才能发出一个明确的信号，表明公司是认真践行这些价值观的。

必须通过定期的全员匿名调查来衡量员工对企业文化的认知，以确保员工日常工作与期望相符。要警惕关于企业文化的逸事和断言，它们往往是不全面的，而且常常会误导人。董事会必须密切监测自身企业文化的实际情况，以确保了解到的信息足够准确。这些是高效组织对待企业文化的永恒真理。虽然每家公司的企业文化不尽相同，但这些真理可以帮助每一家公司书写他们应当为自己编写的重要的文化指南。

## 建设高效企业文化的 4 项基本原则

- **将建设企业文化作为 CEO 和高管的工作职责。**领导者必须定义、示范、执行并评估公司的企业文化，不断强调企业文化的重要性，表彰体现企业文化的行为，并在绩效中体现企业文化建设成果。
- **确保企业文化始终与公司的发展方向同步。**明确表述企业价值观和预期行为，并定期审视以确保它们与时代发展和公司当前的业务环境相适应。
- **对违反价值观的行为零容忍。**对公然违背公司既定价值观的行为，无论其工作表现如何，都必须严肃处理。对所有人传达一个明确的信号：公司坚定不移地践行既定价值观。
- **以定期全员匿名调查来衡量员工对企业文化的认知。**确保企业文化的实际表现与预期目标相符。董事会必须密切监测自身企业文化的实际情况，以确保获得的信息准确、全面。

# THE CEO TEST

## 试炼 3

## 你能打造一支真正的、高效的团队吗

**成功的三大关键是你建立的团队、你建立的团队、你建立的团队。**

——

27 岁那年，在通过了海军的一系列测试后，沙雷尔被任命为“孟菲斯”号核潜艇的监造工程官。“孟菲斯”号是一艘洛杉矶级核潜艇，是当时最先进的快攻型核潜艇。当沙雷尔第一次来到弗吉尼亚州的纽波特纽斯造船厂时，这艘潜艇还只有一个简单的船体，在接下来的两年里，这个价值 10 亿美元的项目将是他工作和生活的全部。沙雷尔负责管理 100 名员工，与船厂合作，测试潜艇的核反应堆装置并训练船员出海。

沙雷尔对管理工作并不陌生，他曾在之前的潜艇上负责一个工程组的运营维护工作，直接管理 25 个下属。尽管如此，这项新任务还是颇令人生畏，因为它在每一个方面都有新的挑战。沙雷尔本人无时无刻不接受着监督，从第一天起，就面临着令人难以承受的微观管理。这样的压力让他对自己的团队也采取了同样的微观管理方式。例如，有一次沙雷尔居然叫醒一名正在休息的士官，亲自提醒他液压装置中密封件的一个技术细节。由于对下属的要求和指令太过强硬，沙雷尔与团队的关系开始变得疏远，潜艇队长建议他必须找到新的管理方法。于是，沙雷尔改变了他的管理方式，他花了更多的时间来确保每个成员都非常清楚自己的责任，让他们明白他将如何衡量团队工作的进展，然后让他们专注于做自己的工作。

两年后，他们如期交付了潜艇。沙雷尔说："我懂得了如何通过给予人们所需要的支持来管理一支团队。我们对工作应达到什么样的高标准达成了共识，我们高度信任彼此。我可以把自己的时间花在需要关注的问题上，而不是事必躬亲，代劳每个人的工作。"

14 年后，在经历美国电话电报公司（AT&T）、麦肯锡和通用电气等公司的任职之后，沙雷尔加入了 MCI 公司并担任执行副总裁。在接下来的 3 年里，他深刻体会到在一个功能失调的团队中工作的感受。

MCI 的远大目标是成为电信行业的"大卫"，挑战行业的巨人"歌利亚"——美国电话电报公司。MCI 是一家无拘无束的充满狂野西部风格的公司，这种风格与沙雷尔在美国海军和通用电气经历过的纪律严明的领导风格形成了鲜明的对比。MCI 的领导们相信，不和谐与内部竞争会激发出每个人最佳的工作状态。公司内斗严重，不同部门之间的公开冲突在不择手段的企业文化中被默许，羞辱他人是家常便饭。比如有一次，一位高管当着沙雷尔的面痛斥了他的一个直接下属。沙雷尔回忆道："这简直与团队精神背道而驰，是一种令人难以置信的有害行为。尽管在这样的环境中还是有些人能够取得成功，但我的痛苦程度是前所未有的。我夜不能寐，无法集中注意力，也无法交付工作，头发也开始脱落。可以说，那 3 年是我人生中最糟糕的 3 年，但也是最重要的 3 年，因为我真真切切地看到并感受到糟糕是什么样子的。”

在那之后，沙雷尔加入安进出任总裁一职，担任 CEO 戈登·宾德（Gordon Binder）的副手长达 7 年。虽然沙雷尔没有得到最终会成为 CEO 的任何保证，但他在董事会获得了一个席位，这使他在 CEO 竞争中具备了局内人的优势。8 年后，当沙雷尔正式接任公司 CEO 时，他终于可以组建自己想要的优秀团队了。

在接下来的 18 个月里，他从迪士尼、默克、葛兰素史克和通用电气等公司招募了一批新的直接下属。团队成员就位后，沙雷尔在安进总部附近的一家餐厅里订了一个包间，带团队去吃晚餐。充满欢声笑语地与大家分享了对安进雄心勃勃的展望之后，沙雷尔改变了聚会的基调，他做了一个简短的演讲，这番话让团队成员铭记多年。他没有提前计划过自己要说什么，但是，在经受了多年办公室政治之后，他清楚地知道自己不能再忍受什么。沙雷尔对大家说：

> 好了，现在让我们来谈谈咱们这个团队将如何运作，以及有哪些东西在这里是行不通的。除了缺乏诚信等非常明显的不当行为之外，在我们这里肯定不会奏效的是搞办公室政治。搞办公室政治意味着我们不告诉对方真相，意味着你不忠诚，你向别人抱怨过，却从不向我们抱怨。搞办公室政治

意味着你让你的团队与别人的团队对抗，也许你不会积极地指导这种对抗，但你会容忍它。搞办公室政治意味着你不践行公司的价值观，意味着你们对任务没有共同的承诺，意味着你们想操纵我。

我在尽是政治高手的环境中工作过。我自己的政治功夫也不差。不然你们以为我是怎么得到这份工作的？所有政治伎俩我都能一眼看穿。这就好比当 4 岁的孩子来找你的时候，你立即就知道他们想怎么骗你。如果你们想尝试这些，那你们来找我的时候就跟这种情况一模一样。如果你们谁想耍政治手腕，我会知道的，我会“炒”了你们。

包间里鸦雀无声，一片死寂，这番谈话达到了预期效果，团队行为的边界清晰明了。在接下来的 10 年里，沙雷尔领导的团队一直恪守不搞办公室政治的原则。

多年来，在我（布赖恩特）工作的 Merryck 公司，当与高管团队共事时，我们通常会先问团队成员他们想从彼此那里得到什么。在大多数情况下，他们的反应都是一样的：“我们想要的是相互支持。”当然，这就是信任的另一种表达，即“我可以指望你，我们会相互照顾，我们会相互支持”。然后，我们让团队成员分享各自年轻时的团队经历，他们通常会描述一些时刻，也许是一起踢足球，也许是一起演一出戏剧，其实也就是大家聚在一起，没有什么额外议程，仅是为了完成一个大目标的那些时刻。他们意识到，如果能和同事们重新找回这种魔力，对他们自己和所在团队都将是一种巨大的提升。

然而，这在商界往往有一个巨大的脱节。尽管团队成员说他们想要像真正的团队一样行动，并重新获得他们在工作之外所享受的同事情谊，但在工作场所，这种程度的信任和协作往往是例外，而不是常规。是的，某种程度的功能障碍是意料之中的，但它往往会演变成同事之间的相互拆台。有些人会参与“搁置否决”，即同意一个计划，但不执行。有些人是“微歧视”大师，比如在会议的某些微妙时刻露出笑容，或者通过说“我其实认为这是个好主意”来踩着同事抬高自己。有些人则总是在重要会议前后上蹿下跳地推进自己的议程。这些“惯犯”为团队定下了基调，其他人则被迫跟随，否则就会遭受这些人玩弄阴谋诡计的后果。每个陷入困境的团队都有其独特的挑战。托尔斯泰说过一句名言：“幸福的家庭都是相似的，不幸的家庭各有各的不幸。”对于领导团队而言亦是如此。

为了将团队状态从功能失调转变为正常运转，并完成构建高效团队这一重要试炼，领导者必须努力解决 4 个问题。这些问题看似简单，实际上可能异常困难：

- 团队的目的是什么？
- 谁应该加入团队？

- 团队将如何合作?
- 领导者在团队中扮演什么角色?

在我们解决这些问题时，请记住，我们从 CEO 和他们的领导团队那里得到的经验教训适用于所有级别的团队。

## 明确团队的目的

2014 年，萨蒂亚·纳德拉接任微软的 CEO 一职，他的直接下属是他启动企业文化转型的主要关注对象之一，正是这一转型推动了公司创纪录的盈利表现，并使微软的市值达到万亿美元。“我今天最关注的事情是，如何让领导团队的有效性达到最大化。我能做些什么来培养它？”

在接任新职位后不久，纳德拉就告诉布赖恩特：“团队中很多人都是我的同事，我过去还曾作为下属为其中一些人工作过。对我来说，所谓领导框架就是让团队成员以一种自然的方式投入和参与，作为一个团队感受到那种能量。我不根据个体的说法来评价他们。如果没有一些出色的特质，他们也不会在这支团队里。我要做的，只是评估我们作为一个团队是否能够真诚地沟通，是否能够利用每个成员的能力为公司带来利益。”此外，纳德拉还谈到了团队目的这一重要问题：“我们提出的框架概念是‘我们的目的是带来清晰度、一致性和专注力’。我们想要完成的是什么？为了完成任务，我们是否团结一致？我们是否全力以赴？这才是我们真正要做的。”

纳德拉提出与回答的是常会被领导者忽略的问题，即作为一个整体的领导团队，它的成功应该是什么样子的，重点不是团队的每个成员交付了什么。领导团队一直是组织结构中专门确保不同部门之间协调一致的固定人员。但当领导团队聚在一起时，会议往往围绕着每个人向 CEO 汇报一系列最新情况而展开，而且每个人都在等候中偷看手机。即便会议有一个议程，主要涉及的也是短期的战术问题，而不是长期的战略问题。

但是，“我们为什么是一个团队”这个问题应该只有一个答案：共同完成任务并确定作为一个团队能最佳执行的优先事项。哪些重大的战略提升需要整个团队或子团队的合力？也许是企业内部文化的挑战，也许是行业动态要求加快数字转型的进度。这些都是关于“我们要怎么做”的问题，这些问题是团队中任何一个成员都无法单独回答的。除了管理和支持自己的团队外，这种联合项目必须被视为高管责任的一部分。非营利组织芝加哥社区信托（The Chicago Community Trust）的 CEO 海琳·盖尔（Helene Gayle）说：“我会认为领导者需要具备双重身份，你必须考虑到自己的个人利益，但同时也要考虑到更广泛的企业利益。”

**如果团队希望在复杂的项目上取得进展，而这些项目需要团**

**队的共同力量，那么在任何一个季度里，优先事项都不能超过 4** 个。如果优先事项超过 4 个，团队的能量就会分散。但是，对于团队来说，确定优先次序非常困难，团队可以很快列出一长串需要解决的项目清单，其中一些项目的定义很狭隘。哈利·福尔斯坦（Harry Feuerstein）曾是西门子政府技术公司（Siemens Government Technologies）的 CEO，现在是 Merryck 领导力实践项目的负责人。就此现象，他曾说："当你观察普通团队如何处理优先事项时，你会发现大多数优先事项都不符合团队的集体责任范围，而且往往超出团队的可执行'宽度'，所以最终事情无法被完成。"他曾经让一个团队分享他们的优先事项，结果他们的清单上居然列了 172 个项目。

当然，对于雄心勃勃的高管来说，让他们抱有"少即是多"的心态可能也很难，他们经常有一种需要快速完成很多任务的紧迫感。TIAA 金融解决方案公司的前 CEO 洛里·迪克森·富歇（Lori Dickerson Fouché ）说："你根本不可能做完所有的事情。有时候，当我开始一份新工作时，我的眼睛会变得很大，感觉就像一个进了糖果店的孩子。我会想'让我们向前冲吧'，而不是'好吧，让我们暂停一下，我们真正追求的最重要的目标是什么'。能够说'不'或'现在不行'对我来说是很重要的一课。"这个原则可以追溯到我们在第 1 章中描述的简明战略规划，其中一个关键动作就是确定 3 ～ 4 个你必须拉动的战略杠杆以实现公司的总体目标。

## 判断谁应该加入团队

向企业高管提供辅导时，我们会要求这些高管告诉我们他们团队成员的表现。他们的回答通常是这样的："他们很棒，人很好，很忠诚，工作很努力。"然后我们会指出，他们描述的是团队成员的一般特质，并没有回答我们提出的关于工作表现的具体问题，即他们的目标是什么，每个成员相对于目标来说表现如何。于是，在更深入地谈论每个团队成员及其各自的长处和弱点之后，他们通常会有很长一段时间的停顿，然后颇不情愿地承认："也许我的团队没有我想象的那么好。"

在某种程度上，领导者对团队成员的"忠诚"是可以被理解并被称赞的。毕竟在雇用团队成员时，领导者就在他们身上下了赌注，每位领导者也都愿意相信他自己是善于鉴别人才的伯乐。领导团队的成员彼此相处的时间要多于他们与家人相处的时间，工作的强度也会让他们之间形成强大的纽带，他们一起经历人生的高潮和低谷，并得以从人性的层面去了解自己的同事。此外，将某个人调离管理团队的情况也会给领导者带来风险，他们不得不考虑其他人会有何反应。新来的继任者是不是也会在"蜜月期"结束后面临一系列挑战？

这就是领导者开始出现容忍不合格表现的"滑坡效应"的原因。领导者会编造各种说法，解释他们为什么不能基于心中的疑点采取行动，而是决定忍耐现有团队成员，最大限度地发挥他们的作用，就像他们忍受令人反感的亲戚一样。

CCMP资本私募股权公司的格雷格·布伦尼曼表示："我通常认为，问题在于CEO用这些人的时间太久，或者他们没有让合适的人担任合适的职位。人们非常不愿意改变。我所见过的真正优秀的CEO和管理团队并非都不愿意改变自己。然而，即使在非常优秀的公司，你也会发现只有75%的人才是与职位要求匹配的。在非常糟糕的情况下，这个比例可能只有25%。"

**即使在非常优秀的公司，你也会发现只有75%的人才是与职位要求匹配的。在非常糟糕的情况下，这个比例可能只有25%。**

**格雷格·布伦尼曼，CCMP资本私募股权公司CEO**

谁该留下，谁该离开？有些决定很容易做。不过对于那些团队中的明星员工来说，团队领导者最大的担忧是这些明星员工在担当更重要的职位之前能坚持多久，所以你要确保他们在工作中不断受到挑战并得到赏识。一方面，你不能容忍那些总是说"不"的"摇头族"，他们好像总是知道为什么有些想法是糟糕的或是行不通的；另一方面，那些认为老板说的每句话都很精彩的“附和者”也不能待在这里。此外，有些人就是缺乏工作所需的能力，或者他们的存在对于团队的活力是有害的。还有一些消极攻击型的人，他们在会议上说“好”，背后却阳奉阴违，不按照计划行事。如果你不清除团队中这些明显存在问题的角色，其他人对你作为领导的尊重就会降低。当你终于这么做了的时候，他们又会质疑你为什么过了这么久才这样做。

关于人才的决策，最棘手的莫过于如何对待那些逃避现实、故步自封的人。他们表面看起来符合很多条件，但作为领导者，你对他们还是心存一些顾虑。决定是否让他们留在团队的思维框架是什么？一种方法是快速问自己一个问题，并用直觉回答：如果你的团队中所有的职位突然都空出来了，你会重新雇用团队中的谁？

另一种方法是可以考虑使用以下领导者使用的方法来衡量团队中人才的真正实力。

安泰保险前董事长兼 CEO 罗恩·威廉姆斯的做法是评估其团队成员的“前进雷达”质量，即评估团队成员是否知道他们要如何发展自身，才能帮助公司推动增长战略。威廉姆斯说：“你团队中的每个成员都按照他们需要的节奏成长了吗？每个成员相比原来是否都有所改善？人们总会想‘如果我一直做正在做的事，那应该没什么问题’，但这个世界正在变得越来越具有挑战性，你们的生意规模会扩大，技术会变得更加复杂。你必须掌握这些转变。你永远谈不上大功告成。

你会看到有些团队成员并没有随着业务复杂性的增加而同步发展，他们的‘前进雷达’正在减弱，而且还在持续减弱。”

### 你团队中的每个成员都按照他们需要的节奏成长了吗？

罗恩·威廉姆斯，安泰保险前董事长兼 CEO

BetterCloud 软件公司的 CEO 大卫·波利蒂斯（David Politis）的做法是寻找 3 个危险迹象，这些迹象能表明某个团队成员没有为下一个成长阶段做好准备。

波利蒂斯说：“第一个危险迹象是，我反复看到团队成员在业务中的问题，而他们自己却没有看到。如果我总是那个在他们毫不知情的情况下提醒他们业务‘着火了’的人，那对我来说就是一个危险信号。这种情况发生过很多次。这种情况也会发生在团队成员对自己的能力没有信心的时候，因此会出现第二个危险迹象，人们不想引入一个基本上可以取代自己的优秀人才。一些人总是希望雇用比自己优秀的人，但一些人则担心引入优秀人才会将自己和自己的工作置于危险之中，因为他们不确定自己在做什么。第三个危险迹象是，当你们在为下一年做计划时，有些人希望将团队规模扩大一倍，而有些人则希望只增加一个新人，这是因为他们无法预测下一阶段的营收以及可能发生的事情。”

迪士尼互动媒体集团前首席 CFO 布鲁斯·戈登（Bruce Gordon）建议领导者对团队进行一个叫作“黄金时代”的测试。“有时要对你的下属做出艰难的决定是非常困难的。很少有人不擅长自己的工作，但很多人并没有做到他们必须做到的那样好。人们很难接受这样的说法——你是一个非常好的人，你在专业能力方面非常好，但是，你没有我们需要的战略规划和运营能力。这就变成是一个定性的决定，而不是定量的决定。这对很多人来说都很难接受，包括我自己。我认为一个好的衡量基准是你与你的执行团队拥有一个黄金时代。在迪士尼互动媒体集团的 30 年里，我经历过 3 个黄金时代，每一个都持续了 2 ～ 3 年。在那之后，团队成员会得到晋升。在黄金时代，团队中每一个人的行动都与公司的战略、价值观和目标保持一致，而且他们在各自的领域也非常优秀。黄金时代最大的好处就是它充满了乐趣。当你们拥有了这样的黄金时代，就会创造‘1+1 ＞ 2’的效果。所以这个测试就是你们问自己：‘这个人会帮助我们创造出一个黄金时代吗？’然后，你们就可以坐下来讨论替换这个人或不替换这个人的风险。”

**很少有人不擅长自己的工作，**
**但很多人并没有做到他们必须做到的那样好。**

——

**布鲁斯 · 戈登，迪士尼互动媒体集团前首席 CFO**

为业绩设定标准并不完全是领导者的责任。团队可以一起制定一套标准来评估每个成员的表现。在成为 CEO 后不久，沙雷尔在安进发起了一个项目，该项目得益于他在美国海军时获得的灵感，那时他阅读了海曼 · G. 里科弗（Hyman G. Rickover）上将撰写的《工程部组织及规章手册》。里科弗把他所期望的每位驾驶核潜艇的海军军官的行为都编进了手册中。在安进，沙雷尔召集了他的团队，花了 4 小时讨论团队的指导方针，之后，又草拟方针在公司的 100 位高管间传阅，以便他们能够参与进来并感受到对这份文件的共同责任感。

经过一番详尽的编辑，团队总结出了安进每位高管应该达到的 4 种领导标准。

第一，绘制航线图：

- 将业务战略转化为具有挑战性的、可操作的目标和计划。
- 传达激励他人的目的和使命感。
- 保持方向，平衡大局和日常问题。
- 基于对外部和内部运营环境的深入了解，制定有洞察力的战略。

第二，培养最优秀的团队：

- 招募并保留高绩效的员工，为关键职位培养接班人。
- 构建多元化的、被赋能的团队。
- 持续提供诚实的建设性反馈。

第三，交付成果：

- 始终如一地实现符合安进价值观的结果。
- 建立高绩效标准，使用可衡量的目标来跟踪进展，并不断提高绩效和期望的标准。
- 通过清晰的沟通期望、职责和责任，使团队专注于高影响力的活动。
- 定期进行聚焦于实际结果的运营评审，并推动快速修正措施。

第四，以身作则：

- 践行安进价值观，并为他人设定同样的期望。
- 展现自我意识，寻求自我提升。

- 精通工作技术。
- 拥护变革和创新的机遇。
- 具备承担适当风险的勇气和判断力。

上述标准如今安进仍在使用，只是稍加修改，也曾被用于指导每年 12 月召开一次的扩大会议。在那次会议上，15 位最高领导者聚集在一起，评估和讨论他们手下的 100 名高管的工作表现。沙雷尔本人也会使用这些标准来评估他的直接下属。这些人清楚公司对他们的期望，于是谈话的焦点便从沙雷尔对他们的看法转移到他们在自己协助制定的标准下表现如何。沙雷尔说："你不能只是说'我要对某人做一个直觉判断'，你必须有客观的评估标准来衡量你的判断。你必须知道优秀的标准。"

作为一个领导者，你必须和你团队里的人一样优秀。你心中要清楚优秀的标准，并且不要妥协。没有人会因为你在团队中保留了不合格的成员而感谢你，你也会因此失去自己成功的机会。

## 探讨团队将如何合作

矛盾的是，一些领导团队的高管并不擅长成为团队中的一员。毕竟，他们已经习惯于领导团队，当他们的级别上升时，可能会在一个让他们的控制力变弱的团队环境中感到不适。各级管理人员也倾向把精力集中于向上管理他们的老板或向下管理他们的直接下属，而不是与同级别的同事建立关系。领导团队的薪酬机制也会奖励孤岛行为，当人们的奖金是基于个人的盈亏而不是整个团队的表现而发放的时，零和思维就出现了。人们会想："如果我帮助你提高得分，那么这将降低我的得分。"团队的领导者必须提供与这些思想抗衡的一股力量。

在哈曼国际，迪内什·帕里瓦尔运用公司的薪酬结构发出了一个明确信号——合作至关重要。公司高管的奖金与公司的整体业绩100%挂钩。帕里瓦尔知道有一些人反对这种做法，这一话题将会在有150名高层领导参加的公司年度会议上被提及。帕里瓦尔说："在喝鸡尾酒的时候，你会发现有些人不以为然，一旦人们稍微适应了一点，他们就会开始说'我摔得很惨，其他人却从中受益'。"于是，帕里瓦尔会提醒他们，从长远来看，工作难免有起落，或许3年前他们就曾受益于某个同事的优秀表现。他澄清道："我并不是说我们要搞绝对的民主，每个人都应该以同样的方式得到报酬，我的意思是，经营公司是一项团体运动，靠个人不会赢。"

---

**经营公司是一项团体运动。**

——

**迪内什·帕里瓦尔，哈曼国际前董事长兼 CEO**

---

谁也不能指望把一群成功的高管召集起来，称他们为一个团队，就能让他们像一个团队一样行动。不同的角色之间存在着天然的紧张关系，分清谁拥有决策权可能是一个令人担忧的过程，会有一些众所周知的棘手问题，这些问题应该被提出并被讨论以确保团队合作良好。

想想 2017 年约翰·多纳霍接任云计算公司 ServiceNow 的 CEO 后不久发生的事情。在上任 6 个月后，多纳霍把高管团队拉出去举办了一次异地领导会议，旨在明确他们的优先事项并推动 ServiceNow 下一阶段的增长。当每个高管都在谈论他们的目标时，每个人都清楚地了解到这些优先事项是如何跨越职能的，以及如果他们想要成功，作为一个整体他们必须在多大程度上加强合作。尤其是，他的领导团队是由 3 组不同的人组合在一起的：那些在公司工作多年的人，那些在多纳霍被任命前不久加入的人，以及多纳霍亲自招募的第三组人。多纳霍说："这不是为了成立团队而成立团队，而是基于这样一个理念——除非我们作为一个团队有效地运作，否则我们就无法完成想要完成的事业。在很多方面，这是由团队和领导者共同推动的。"

多纳霍聘请了帕特·沃多斯（Pat Wadors）担任公司的首席人才官。沃多斯向同事们建议，团队应该制定自己的"社会契约"，这是她在领英（LinkedIn）管理人力资源时使用过的一种做法。在异地会议的过程中，ServiceNow 的高管被分成几个小组，他们开始用图表、便笺和马克笔工作。有一次，让多纳霍颇为吃惊的是，团队让他离开房间，他们要自己进行头脑风暴。他同意了，他意识到有些对话需要他们自己来完成。后来，当他重新回到团队中后，他们分享了自己起草的契约要点：

- 首先我们是一个团队。
- 我们建立信任，彼此支持。
- 我们横向打通职能，开展工作。
- 我们不容忍模棱两可，我们为自己和我们的团队创建并树立决策清晰的榜样。
- 我们辩论如同我们是对的，我们倾听如同我们是错的，然后我们一起决策、承诺和领导。
- 我们让彼此变得更好。
- 我们保持联结并庆祝彼此的成功。
- 我们保持团队的健康，互相支持，努力平衡我们的生活。我们为“1+1+1= 魔法”的团队精神树立榜样。

清单上的某些要点是为了定下团队合作的基调，而另一些则是为了规范具体的合作行为。“我们横向打通职能，开展工作”是在提醒团队成员首先一起解决问题，在将问题升级到“上面”交给多纳霍来解决之前，要在他们的层面尽量先解决。为了表示对“社会契约”的郑重承诺，领导团队把契约贴在了公司总部办公室外的墙上，供所有人观看。多纳霍后来成为耐克的CEO，他说：“在一天结束的时候，团队必须意识到，作为一个高效的团队，这是他们的最佳利益所在，没有这一点，他们就无法取胜。**高效团队的关键在于拥有高度信任的关系，拥有一系列的运作原则或‘社会契约’，然后彼此承诺保持这些原则。”**

建立一支人人相互帮助、真正具有活力的团队，需要付出时间和努力。在紧迫的截止期限和紧凑的日程安排中，花时间真正了解对方并讨论如何一起工作似乎是一种无法负担的奢侈。虽然团队建设的绳索课程或“信任背摔”可能会有所帮助，但ServiceNow使用的“社会契约”会带来更大的影响，因为它为行为树立了清晰的护栏，如果团队成员没有履行对彼此的共同承诺，就允许他们相互大声指出来。

虽然团队合作的好坏并不容易量化，但电子商务平台Shopify的CEO托比·鲁特克（Tobi Lütke）在从个人贡献者成功转变为团队负责人后，采用了一种有趣的衡量标准。

鲁特克说：“对我来说，最困难的事情是重新改写自己的价值体系以适应我的新角色。过去作为一名计算机程序员，我感觉非常好。我花了很多年才意识到，与投资者见面、在会议上发言的一天其实并没有浪费。理智上我明白这一点，内心却不这么认为。我必须系统地重新构建衡量自己贡献的方式。当我这样做的时候，我开始意识到团队才是最重要的，而我度过每一天的最好方式就是从本质上想办法让我的团队变得更好一点。因为真的只有两种可能：一种是你们的团队变得更好，另一种是你们的团队变得更糟。如果你花时间让团队变得更好，那么未来你们将所向无敌。”

**真的只有两种可能：一种是你们的团队变得更好，**
**另一种是你们的团队变得更糟。**

——

托比 · 鲁特克，Shopify 公司 CEO

## 理解领导者在团队中扮演的角色

令人惊讶的是，许多领导者并不关心如何建立一个健康的团队。有些人更喜欢中心辐射式的管理体系，这样他们可以看到全局并与直接下属单独会面，而不是以团队的形式会面。或者他们采取不干涉的方式，当团队成员相处不好时，他们会沮丧地挠头。又或者，他们认为人们在缺乏安全感、感到焦虑的时候会表现出最佳状态，因此领导者以“创造紧张”的名义鼓励不和，让成员互相拆台，这样成员之间就会花更多的时间相互提防而不是相互帮助。

毫无疑问，领导者必须承担确保团队成功的全部责任。是的，领导者的工作描述有时似乎无穷无尽，但这个角色的很大一部分责任就是确保团队合作良好，辅导每个人不断进步，并培养继任者。以下是我们在与数百位 CEO 的交谈中反复出现的一些关键职责。

## 心理安全

团队领导者创造一个心理安全的环境，这样人们就可以轻松地做到互相开放和彼此坦诚。曾在雅虎和亚马逊等公司担任领导职务的凯西·萨维特（Kathy Savitt）说："和很多人一样，我以前工作过的公司有一种我称之为'干掉笨蛋'的企业文化。这往往出现在当 CEO 或领导抛出一个问题时，有人会给出答案，但是其他人没有勇气回答，然而每个人都会跳出来批评那个人给出的答案。这也常常出现在当你做了一些创造性的事情时，公司里的每个人都会跳出来叫喊他们会怎么改你的方案，但他们并没有投入专业或个人的热情去真正创造一些有价值的东西。我所在的管理团队就曾这样做过，这种做法非常有害。"

## 明确的议程

团队领导者要为会议制定明确的议程。Guidewire 的马库斯·鲁说："这不是说领导者如何做一个决策者，而是说领导者要推进做出正确决定的流程。CEO 应当练习表达‘我想花半小时讨论这个话题，我想让这些人来这儿，最后我想要做出一个我们究竟是往东还是往西的决定，在这个决定做出之前我们不会离开’。这样的做法确实是 CEO 需要的超能力。”

## 明确的辩论规则

领导者负责阐明辩论和决策的规则。设计软件公司 Autodesk 的前 CEO 卡尔·巴斯（Carl Bass）说：“我们所做的一件事是尽量让大家对决策机制非常清楚，因为在听取人们的意见和人们认为一切都是民主的之间存在着内在的紧张关系。我们在每次会议开始时都会说得非常清楚，这是需要一个人做的决定，还是为了达成共识而进行的讨论。这样做是非常有必要的，否则人们会感到沮丧，因为他们给出了自己的意见，但他们不理解最终决定的更广泛背景。一个领导者的主要角色之一就是让尽可能多的意见摆到台面上。但另一方面，当你只是向人们询问信息和意见，而不是把做决定的权力交给他们时，你必须说清楚这一点。”

## 包容性对话

团队领导者应把每个人都拉进对话，如果事关重大，就确保每个人都有发言的机会。沙雷尔说：“在重要的团队会议上，我会做的一件事就是绕着桌子逐个询问，‘你怎么看？那你呢’，我不会总是以同样的顺序围着桌子转，也不会总是从同一个人开始。团队成员明白我真的很想知道他们的想法，如果我们在一个重要的话题上明显意见不一致，我们就会多聊聊这个话题。”

## 指导

领导者负责指导团队中的每个人。每年 12 月假期期间，沙雷尔都会给他的每位直接下属写一封两页的信，内容包括 3 点：该高管在这一年度哪些方面做得很好，他有多么感谢他们的努力以及为什么；他期望他们在来年做些什么；作为高管应当关注的 3 件事。然后，他会在次年 1 月所有人都回到工作岗位后亲自与他们见面讨论这封信，并在年中的时候再次讨论进展。他补充道：“在 45 分钟的会议后，我希望他们清楚地知道这一年要做什么，明白我对他们表现的看法和我对他们的期望。这些信件被他们视为关于自身发展的重要交流。”

## 伯乐

团队领导者具有人才发掘的职责。团队不是一成不变的，也不应该一成不变。人来人往，有时团队成员需要被换成能帮助公司度过下一个增长阶段的高管。领导者不能仅仅依靠其他人，包括人力资源主管，来寻找最佳人选，这可能意味着要走出公司物色人才。沙雷尔经常向他在安进以外的商业熟人询问他们所知道的在某些职位上最有才华的高管的名字。这些高管当时可能不愿意离开目前的工作，但如果他们错过了一个关键的晋升机会，或者他们的公司被收购了，他们突然之间就会更愿意考虑新的工作机会。正是基于这两种情况，沙雷尔在组建领导团队时找到了自己的研发主管、销售与营销主管。沙雷尔说："你不能对自己说，我要开始物色人才了，你必须一直在寻找人才。"

## 培养接班人

团队领导者要培养他们的继任者。对于许多领导者来说，并非出于一种自然的冲动，他们会出于各种各样的原因，推迟考虑当他们离职后谁来接替自己的职位。但发现并培养接班人是领导者作为伯乐和指导角色的一部分。例如，沙雷尔很早就在寻找某个有一天可能接替他工作的人。在 12 年 CEO 任期中的第五年，他遇到了时任摩根士丹利欧洲投行业务主管的鲍勃·布拉德韦（Bob Bradway）。布拉德韦符合全部相应的领导力标准，沙雷尔说服愿意接受新挑战的布拉德韦降薪加入安进 100 位副总裁的行列。当布拉德韦完成了每一项被交办的新工作时，他被提拔为总裁。在 2012 年把接力棒交给布拉德韦之前，沙雷尔亲自培养了他两年。自那以后，安进的股价从每股约 70 美元上涨到 200 多美元。2020 年，安进的股票被纳入道琼斯工业指数，这是对公司的长期成功和增长的认可。沙雷尔说："作为 CEO，你留下了什么成果最终是由两个简单的标准衡量的。第一，你离开时，公司有变得比你接手时更好吗？第二，你的继任者表现如何？”

建立、管理并发展一个团队本身似乎是一项全职工作，但如果领导者能够回答以下基本问题从而确保团队在最高水平上运行，那么他们投入的时间将带来巨大的回报。

- 我们的目的是什么?
- 我们的团队里有最优秀的人吗?
- 我们清楚该如何合作吗?
- 作为领导者，我是否有责任管理团队并亲自指导培养每个人，以使他们变得更好?

许多领导者都没有通过这一项门槛测试，如果没有一个强大的团队来执行战略，他们不会在领导职位上待太久。虽然许多领导者在理智上理解团队的重要性，但他们并不总是这样做。他们允许团队中的成员把个人议程放在首位，因为他们在招聘人员方面存在困难。他们无法让团队成员很好地合作，因为他们缺乏培养团队成员提升的勇气，会在做解雇不合格成员的“艰难”决定时退缩。如果你身边没有优秀的人，你会发现自己在做他们的工作，而不是自己的工作。在对数百名领导者的采访中，这个主题被一次又一次地强调：没有什么能取代一支伟大的团队。

管理、风险与合规软件提供商 MetricStream 的前 CEO 谢利耶·阿坎博（Shellye Archambeau）表示："成功的三大关键是你建立的团队、你建立的团队、你建立的团队。我在这里指的是积极的建设，因为随着公司的成长、发展和演变，团队也需要如此。这可能很难，因为你与这些人密切合作，但你必须推动团队前进。你要时刻考虑从现在起的三年内你需要什么样的团队。"

**成功的三大关键是你建立的团队、**
**你建立的团队、你建立的团队。**

——

**谢利耶·阿坎博，MetricStream 前 CEO**

THE CEO TEST 卓越领导力修炼秘籍

## 领导者建立高效团队的 4 个方法

- **明确团队存在的原因。**明确团队需要共同完成的任务和优先事项。理解团队作为一个整体的成功是什么样子。
- **选择合适的团队成员。**评估每个成员的目标、表现和对团队目标的贡献。确保团队成员具备必要的技能和态度。
- **花时间讨论团队如何一起工作。**建立清晰的工作流程和协作模式，包括沟通方式、决策过程和解决冲突的机制。
- **承担多维角色。**领导者在团队中不仅仅是指挥和控制的角色，还需要通过多种方式积极参与团队的建设和发展。

THE

# CEO

# TEST

## 试炼 4

## 你能引领转型并实现自我颠覆吗

**使命永远不应该被妄改，**

**但传统需要不断被拷问。**

如今转型已成为每位领导者的固定工作内容，尤其在商界，再没有比得过且过、固守现状更危险的状况了，那么，现在或许是时候宣布“领导变革”一词是多余的了。领导本身就是改变，不仅需要改进你们公司今天的运作方式，同时需要在别人颠覆你们之前进行自我颠覆。这是对领导者的一项试炼。

是的，要克服我们在前 3 章中所描述的挑战是非常困难的，包括制定一份简明战略规划，建立一个高效的团队，并创造一种企业文化，从而使每个人都步调一致地做出驱动战略的行为。重新改造和持续改进公司几乎所有方面所带来的挑战，可能会令许多领导者不堪重负，因为员工往往更喜欢一成不变，而不是不确定性，尤其是由颠覆性引发的不确定性（没有什么比 CEO 开始问很多“如果……会怎样”这样的假设问题更能让员工崩溃的了）。面对尝试征服现状的强大惯性的可能性，一些领导者反而把问题往后踢，告诉自己他们的继任者可以应对所有的颠覆性力量。或者，他们可能会聘请一位首席数字工程师来应对这种转变，但他们没有意识到，这个人很可能会被那些想要保护自己利益的同事排挤。

推动转型的关键是什么？我们在这里的方法并不是为您提供一个标准的 8 步流程。这样的框架在其他地方随处可见，但它们的作用可能受到一个简单事实的限制，那就是没有任何一套方案能够解决每家公司面临的独特挑战。我们的重点则是从领导力的角度讨论变革，并从案例研究中汲取教训，这对任何正在努力推动变革的高管都有用处。我们分享的例子——纽约时报公司、安进公司和 BetterCloud，代表了不同规模和行业的公司。最重要的是，这几家公司的案例反映出他们在必须解决自身转型问题时面临的不同程度的紧迫性。例如，纽约时报公司在应对平面广告急剧下降的同时，还面临一个更紧迫的挑战，那就是改变其商业模式，使其能够作为一家数字公司维持发展。安进在沙雷尔的领导下经历了长期的快速增长，需要为下一阶段的增长进行全面改革和精简运营。由于云计算的快速变化，BetterCloud 面临着生存威胁，不得不破釜沉舟，从零开始建立一个新平台。从这三家公司的经验中得出的主题有助于阐明每个领导者在开始努力转型时应该牢记的关键方法。

当我们分享他们的故事时，你会发现他们的某些见解同样适用于你们公司。虽然每家公司面临的挑战都是独特的，但有些方法在变革的过程中具有普遍适用性。

## 新事物必须源自组织内部

当一家猎头公司第一次联系马克·汤普森（Mark Thompson），询问他是否愿意考虑担任《纽约时报》的 CEO 时，他回答说不愿意。朋友们也建议当时身为 BBC 资深高管的汤普森不要去，部分原因是《纽约时报》的保守将使变革几乎不可能实施。不过，他最终还是做出了加入的决定，尤其是在他确信掌权《纽约时报》的奥克斯 – 苏兹伯格（the Sulzberger-Ochs）家族以及董事会都致力于改变现状之后。他说："我得出的结论是，如果这个公司不再走自己的老路，它可以做到原来的 3 ～ 4 倍那么好。"

汤普森加入的时候，《纽约时报》正面临着巨大的问题：报纸的广告收入持续大幅下滑，报社将如何渡过难关？几十年来，报纸广告收入一直是该公司的财务命脉。公司必须发展数字业务，但其传统业务——纸质报纸，仍然是新闻部的焦点。此外，由于新闻部和业务部之间存在保护记者独立性的传统屏障，新闻部的许多人不愿参与并帮助业务部的同事讨论寻找应对财务问题的答案。

对汤普森来说，他在接手 CEO 时的指导原则是不要想当然地认为自己知道答案，也不要想当然地认为别人指望他能给出一个答案。他说："如果你试图在上任第一天就给组织强加一套理念或一种新的企业文化，你是不会成功的，这肯定行不通。新事物必须源自组织内部，必须发自员工的内心。因此，更重要的是要把它从公司中'拉出来’，而不是把它‘推进去’，这意味着要一步步鼓励员工就未来展开更深入的对话。”

由于新闻部和业务部之间存在着历史分歧，汤普森知道新闻部的记者们会以怀疑的态度看待他所支持的任何计划。因此，他鼓励新闻部组建一个小组，研究新闻部如何变得更具创新性这一重大问题，他通过这样的举措扭转了局面。该小组由 A. G. 苏兹伯格（A. G. Sulzberger）领导，他当时是新闻部的一名编辑，现在是该报纸的出版人（本书的作者之一布赖恩特被苏兹伯格招募为创新小组的一员）。这一小组花了 9 个多月的时间撰写了一份长达 97 页的报告，报告只面向《纽约时报》的少数高管。但是，这份报告后来被泄露给了 BuzzFeed，该网站于 2014 年 5 月 15 日将报告公之于众。报告对《纽约时报》内部面临的所有挑战直言不讳，例如，“我们必须努力审视我们的传统并推我们自己一把”，这对于一个以被公认为新闻业的黄金标杆而自豪的公司来说，真是一个需要屏息凝神的时刻。

虽然一开始有人担心报告被公开会影响公司前景，但无论如何，它让全体员工对公司面临的挑战达成了至关重要的共识，这是推动转型必须迈出的第一步。苏兹伯格回忆说：“第一天很残酷。互联网上的头条都是‘一篇毁灭性的报道’‘一篇严厉的报道’‘《纽约时报》陷入混乱’。我不知道同事们会怎么看，在一个珍视自己传统的公司里，我可能和多数人一样，是一个谨慎的渐进主义者，我觉得不应该这样谈论变革。但过了一两天，情况变得非常明朗，舆论发生了转变——员工虽然对这份报告感到恐惧，但也被深深地赋予了力量，他们第一次真正理解了导致自己的生活和工作习惯都发生改变的大环境。”

对于任何试图撰写自身报告的公司来说，一个关键的教训是，报告应该只包含无懈可击的事实。

苏兹伯格说：“我希望最终的创新报告完全由那些明确无误的事实组成。如果你们可以用一份厚厚的报告和一个大平台来阐述对未来的看法，你们就会很容易把很多自己喜欢的想法都扔进去。比如，‘我认为我们写新闻报道的方式应该像这样改变’‘我们应该在领导者身上寻找这些特殊品质’。但这种模式很难就变革的必要性达成共识，因为你提出的想法可能会让理性的人不同意。一旦你提出了理性的人可能不同意的想法，你和你的建议之间就形成了一种关系，让人感觉这可能是一个有关看法而非事实的问题。我想要的是我们在同一高度上写这份报告，在这一高度上，我们能够确定报告中所包括的每一个建议。我们的报告是有数据支持的，即使是比较温和的数据，它们也是你显然无法反驳的事实。”

创新报告一经公布，苏兹伯格就开始了内部巡回宣传，与每个不超过 30 人的小组一一进行了 90 分钟的会面，总共会见了大约 1 200 名记者。通过这些对话，他明白了一件事的重要性，即就报社对记者提出的所有新要求背后的原因进行沟通，如让记者们在社交媒体上树立良好的公司形象、加快报道速度，以及让文章更具冲击力等。

苏兹伯格说："我们从未真正给出变革的框架。所以你会看到，在最了解我们面临的挑战和为什么需要变革的管理团队当中存在着深层的不一致。然后你还会看到，公司的大多数人，即那些真正做着伟大工作并且让这个地方变得特别的员工，只是被告知他们必须改变而没有得到解释。在新闻界，我们有这样一句话，'展示，而不是告诉'。然而，在内部我们却从来没有展示过这个问题，从来没有给过同事与我们共同面对问题和挑战的机会，而只是告诉他们，他们必须改变。另一个重要的收获，也是一个惊喜，那就是在新闻部里人们讨论这份报告的兴致非常高。许多人表示，他们已经不记得上次参与公开、深入探讨有关公司、战略以及如何执行的话题是什么时候了。这只是一个提醒，告诉我们虽然沟通往往是我们清单上的最后一项，但它总是最重要的一项。"

为了帮助减轻人们对《纽约时报》是否会偏离本源的担忧，苏兹伯格引用了他从执行主编迪恩·巴奎（Dean Baquet）那里听到的一句话："一个公司要改变，就需要把使命与传统分清楚。"苏兹伯格解释说：**"使命永远不应该被妄改。妄改使命，后果自负。但传统需要不断被拷问。**传统并不一定是坏事。有些传统，一旦经过拷问，就会被完美地坚持下来。一些正在经历变革的公司会为了打破传统而打破传统，这是错误的。但传统也不能因为它们是传统就应当被一直保留下来。"

**妄改使命，后果自负。但传统需要不断被拷问。**

——

**A. G. 苏兹伯格，《纽约时报》出版人**

为了有效地做到这一点，领导者需要非常清楚公司存在的理由。

苏兹伯格说：“如果一切都乱作一团，如果可以改变公司的任何方面，那么公司就没有存在的理由了。如果一家公司没有存在的理由，那么它就应该被一些更年轻、更有抱负的初创公司取代。一旦你能清楚地说出公司存在的理由和什么是不会改变的，你就需要在整个公司积极地进行沟通。如果你对这个问题的回答很有说服力，员工会有更多的机会参与变革。对我们来说，我们的新闻工作不会改变，但如果能更好地服务于这一使命，其他一切都可以改变。在与新闻部人员沟通方面，我的很大一部分工作内容是让每个员工都明白我们是一致的，这使得每个员工都能参与到这次变革中来。”

任何力证变革必要性的领导者都会遭到员工质疑。员工自然而然会想，新计划会奏效吗？变革的不确定性必须得到承认并予以正面处理。

苏兹伯格说：“不可避免的是，如果你在一个公司中领导变革，你会尝试一些看似行得通的事情。当发现有些事情在实际操作中行不通时，你就会停止去做，这时候有些人就会认为你们根本不知道自己在做什么。你们在浪费大家的时间。一年前，你说这将是一件大事，而今天这事却完全消失了。”我处理这种问题有一个方法，就是提前告诉他们：“我们没有什么剧本，也没有什么地图可以照着走，我们正在开辟的是一条新路。我们会尝试一些可行的方法，也会尝试一些行不通的方法，这可能对你们来说是在浪费时间。一年后，你可能会对我抱怨说，你怎么会觉得这是个好主意呢？但这就是我们要去尝试的原因，如果它真的有效，我们希望它能为我们带来什么。如果没有，我会解释原因。”

创新报告为纽约时报公司的变革创造了动力，但公司总体上仍然需要一个统一的战略来领导转型。一方面，随着越来越多的广告商将资金转移到 Facebook 和谷歌，严重依赖广告收入的旧模式正面临挑战；另一方面，纸质报纸的订阅费在过去也是一个可靠的收入来源，但随着越来越多的读者通过手机和电脑获取新闻，公司必须为数字化未来建立一种新的商业模式。

2015 年，汤普森召开了一个名为“星期五小组”（Friday Group）的例会，参与者包括来自业务部和新闻部的高层领导。6 个月来，他们每周五会面，从中午开始，到下午 6 点左右结束。汤普森知道，必须通过艰难讨论才能不断达成新见解。汤普森回忆说：“在高层能够进行真正富有成效的真诚对话前，我们不会取得任何进展。我很乐意等待。你必须非常有耐心。我见过有人进入媒体行业后试图迅速实现戏剧性转变。它们往往会被公司的‘抗体’所排斥。‘星期五小组’的许多人一开始都持怀疑态度，只想回到他们忙碌的工作中去。我们开始讨论面临的挑战，到了夏天，会议变得困难重重，令人担忧。”

---

**我见过有人进入媒体行业后试图迅速实现戏剧性转变。**
**它们往往会被公司的“抗体”所排斥。**

——

**马克·汤普森，纽约时报公司前 CEO**

---

例会上涌现出了一个让公司的两大部门围绕共同目标对齐的方法——订阅用户优先。专注于吸引更多的数字订阅用户，对记者（他们将拥有更多读者）和公司高管（更多的订阅用户意味着更稳定的收入来源，也会吸引更多的广告收入）都有好处。最终，在经过激烈的辩论后，“订阅用户优先”战略赢得了整个集团的支持，并为整个公司跟踪其增长提供了一个重要的共享计分机制。在汤普森 2012 年被任命为 CEO 时，纽约时报公司只有 60 多万订阅用户。截至 2020 年，订阅用户突破 500 万大关。在他任职期间，纽约时报公司的股价上涨了两倍。2020 年，他把 CEO 的接力棒交给了曾在《福布斯》工作的梅雷迪思·科皮特·莱维恩（Meredith Kopit Levien）。

## 就转型的必要性达成共识

在沙雷尔先后担任安进公司的总裁及CEO的20年里，公司的主要关注点是增长。当他的继任者鲍勃·布拉德韦接任时，新的领导团队意识到，安进需要为下一阶段的增长做好准备。他们用的说法是："安进处境不错，但是……"

这里的"但是"指的是，安进就像一栋有35年历史的老房子，有着原始的管道、窗户、屋顶和电力系统，整个基础设施都需要升级。安进的一些药物即将过专利保护期，这意味着安进的收入将大幅下降，新产品的推出也需要资金，同时安进正计划向其他几十个国家扩张。

这让大家意识到，如果不从内部做出必要的变革，无论是竞争对手还是激进投资者，都可能会从外部迫使安进发生变革。布拉德韦说："我们知道，我们需要几个季度的时间在内部'推销'这个想法，让员工就转型的必要性达成共识，还需要几个季度的时间来做出改变。所以我们知道自己有时间，但不是很多。那真是在一个我们不得不改变之前就必须采取变革的状态。"

当公司一切进展顺利时，推动变革总是比较困难，但安进提供了一个有用案例，说明如何在变革的需求对所有人来说都不明显的情况下打破现状。安进的领导们从一个简单的口头禅开始了有关转型的必要对话："打造一家更好的公司。"沙雷尔领导团队的首席人力资源官布莱恩·麦克纳米（Brian McNamee）表示：“我们希望创造一种语言、一套技能和一套方法，使安进能够在10年后不断变化。”麦克纳米被布拉德韦任命为首席转型官。麦克纳米补充道：“转型可以是一系列的事件，但如果处理得当，它们会转化为长期持续的改进能力。所以，我们的目标是建立这种能力，建立一家更好的公司。我们非常谨慎，没有在一开始就在这个目标下面附加很多细节。”

布拉德韦和麦克纳米只向管理团队提出了一个简单的问题：我们如何建立一个更好的公司？但他们为即将到来的头脑风暴会议增加了一些基本规则。例如，管理团队成员必须“顾全大局”。这一规则是在暗示管理团队成员必须放弃任何保护各自业务领域的冲动，将公司的最佳利益放在首位。这也意味着要解决一些棘手的问题，比如需要控制的成本结构。麦克纳米说：“我的职责是确保这些问题被纳入讨论。你必须预先定下基调，把这些事情摆到台面上谈，而不是在走廊上私下谈论。”

随后，布拉德韦在安进内部组建了一支由极具潜力的年轻高管组成的团队，称他们为“30人团队”，他们专门探索解决公司所面临的挑战的新方法。但他也同时向公司各级人员征求意见，这发出了一个明确的信号——他想听听各级员工的各种想法，即使这些想法听起来有点儿古怪。作为首席转型官，麦克纳米的职责之一就是确保管理团队的成员不会漏掉任何想法。

布拉德韦说："公司需要欣然接受这样一种观念——基层管理者可以给我们提供全方位的选项，然后由我们自己从中做出明智的选择。我们试图给公司基层管理者信心，他们可能会因为担心高层的'傻瓜'会选择对公司有害的选项而剔除极端的选择。通常情况下，基层管理者会说'我不想给他们那个选择，因为我害怕他们真的会选它'，或者会想'我把这个问题摆到台面上是很愚蠢的'。所以我们必须不断给基层管理者信心，告诉他们我们想要所有选项。你必须以身作则，坚持让他们给你提供所有选项，即使是他们认为太过极端的，因为我们可以看到应对一个问题的多种不同方法。"

例如，安进的新药开发过程长期以来被划分到研发和运营两个部门，这造成公司的低效率和"孤岛行为"。着手讨论该举措的团队建议将两个部门合并以便项目更快运行，减少"传球"，并消除工作中的交叉和冗余。不出意料，各个部门的负责人都抵制这个想法，但一旦这个想法被摆到台面上，让整个高管团队进行审议，他们又很快就决定了合并。麦克纳米说："这是与过去相比的一个重大变化，它向全体员工发出一个信号，即这次转型将有所不同，在打造最好的公司方面，没什么是不可以考虑的。"

布拉德韦和麦克纳米也知道，在征求和整理想法的过程中，必须有一个深思熟虑的沟通计划，以便慢慢让公司最高管理层那500人认识到转型的必要性。毕竟，在商界有一个被广泛使用的比喻——"固化的中层"，它是指那些为了保持现状，不让下面的想法向上传递，也不让上面的指令向下传达的中层人员。但在公司中，这个固化层的比重可能比 CEO 认为的还要大得多。

因此，布拉德韦和麦克纳米接受了创建“赞助脊梁”的想法，以确保在变革的必要性上，能够说服最高管理层以下级别的所有管理者，这样他们就会向直接下属表明支持该计划，而直接下属则会与他们的团队一起倡导变革。

布拉德韦说：“CEO 可以站起来，想怎么改变就怎么改变，但最终，法国的经理或美国佛罗里达州坦帕市的中层管理者还是会去会议室听听他们的直接上司是怎么想的。如果他们的直接上司说‘好吧，我们只做点表面文章’或者‘我不知道这是什么意思，我们以后再想办法’，那么他们就不会投入什么精力。但是，如果你走进会议室，你的直接上司说‘这是我们要做的’，然后用他自己的语言把信息清晰地表达出来，而不是重复 CEO 的话术，就会像魔法一样让大家意识到，这就是我们要做的。我们需要招募 500 人来讲变革的故事。”

安进公司转型成功了，这使得公司节省了 19 亿美元的成本，实现更快的增长，甚至在公司扩张到其他国家的同时也提高了利润率。

2019 年从安进离职后，麦克纳米开始为其他公司的转型提供咨询。在他看来，最常见的问题之一是管理团队成员对需要转型达成假共识。麦克纳米说：“有一次，和我一起工作的一位 CEO 告诉我，‘这就是我们的发展方向，大家都同意’。我对他说给我1小时，让我跟你的6个直接下属聊聊。在与他们会面后，我对那位CEO说，对于当前的状况，大家的意见并没有达成一致，对于我们是如何走到这一步的，大家的看法也大相径庭。”

**我对那位CEO说，对于当前的状况，**
**大家的意见并没有达成一致，对于我们是**
**如何走到这一步的，大家的看法也大相径庭。**

**布莱恩·麦克纳米，安进前首席转型官**

麦克纳米的经历有力地提醒我们，在就需要改变什么展开有意义的讨论之前，必须使所有人对转型的必要性达成共识。麦克纳米补充说：“你们必须停下来，集中注意力，确保你们对当前的状况有一个客观的认识，而不是屈从于办公室政治，这就像是为变革的必要性搜集有关证据。”

鉴于安进的转型取得的成功，其他公司的CEO经常向布拉德韦寻求建议。布拉德韦说：“我总是从同一个问题开始提问——你是要亲自领导变革还是委托他人去做？如果是委托他人，那么你的员工就会一下子明白是怎么回事，他们就会缺乏坚持到底的动力。如果是你自己亲自在做这件事，并为此投入精力，那么员工也会知道这一点，他们会意识到，我想我们真的必须这么做。”

## 向所有人公开公司面临的挑战

纽约时报公司和安进在其广泛而坚实的基础上规划并执行各自的转型，两家公司都有明确的使命和存在的理由，领导者需要重新规划公司的运作方式，以继续发展公司已有的优势。

但是，对于成千上万的企业家来说，转型的挑战是什么呢？他们每天都在为赢得新客户和每一美元的额外收入而努力，还要避免投资者的不满与批评。他们必须掌握转型的艺术——不断进行微调以更好地满足客户需求。但是，如果是你的整个商业模式突然出现问题了怎么办？这种生死攸关的威胁需要全面转型，它放大了挑战，加快了变革的进度，为创始人及其管理团队提供了深刻的经验教训。

许多初创公司的 CEO 不愿意分享这样的故事，他们更愿意在客户和投资者面前摆出一副自信的样子。但 BetterCloud 的大卫·波利蒂斯认为，初创公司的 CEO 们应该分享他们面临的至暗时刻，这样他们就可以互相学习。他说：“我认为，作为一名企业家，对挑战持开放态度是很重要的，不要总想着过 Instagram 上晒的那种特别美好的日子。如果你问企业家做得怎么样，他们几乎总是说‘我做得太棒了’，也许你也想这么说，但我不能隐瞒在我们公司真实发生的那些事情。”

**我认为，作为一名企业家，对挑战持开放态度是很重要的，不要总想着过 Instagram 上晒的那种特别美好的日子。**

——

**大卫·波利蒂斯，BetterCloud 创始人兼 CEO**

2011 年，波利蒂斯创立了 BetterCloud，当时他的想法是，许多公司正在通过外包服务将数据向云应用转移，BetterCloud 需要对云应用进行更多的管理和安全性监控。BetterCloud 只专注于一个特定的应用程序，即谷歌 Apps，现在被称为 G Suite。到 2015 年，BetterCloud 已经发展到大约有 60 名员工和 1 000 名客户，但技术领域正在迅速变化。当时的情景就好像建筑公司刚建了一栋只有一种插座的办公楼，然后突然间，所有租户都要求大楼能够兼容世界各地所有不同的插头。一个软件补丁并不能解决问题。实际上，BetterCloud 不得不打开“墙壁”，重做线路。“突然之间，我们的客户开始这样评价我们的核心产品，‘你们的产品很好，但你们只处理了这一小块区域’。我们意识到，我们的业务可能到了瓶颈期，我们必须做出一些重大转变。”波利蒂斯回忆道。

于是，波利蒂斯召集最高技术团队开会，向他们公开公司面临的挑战。一开始，大家对这个问题所带来的影响都感到非常吃惊，然后他们难以置信地说：“我们不得不从头开始。”波利蒂斯不是技术岗位出身，他完全依靠他的最高技术团队来寻找答案。他说："在你身边有一个与你同舟共济的团队，你信任他们，可以依靠他们，这非常重要。"很快，他组建了一支由顶级技术人员和产品负责人组成的"老虎团队"，并在 2015 年 9 月向全体员工宣布了公司新的发展方向："这将是公司的新篇章。"

对波利蒂斯来说，可以肯定的一点是，他将向整个公司公开 BetterCloud 所面临的挑战。这是他从以前担任 CEO 的经历中学到的方法。他说："在那家小公司，我基本上认为我不应该告诉任何人任何事情，因为如果他们知道有任何问题，他们就会辞职。然后 2008 年来了，我们受到了金融危机的打击。我压力太大了。有人给我的建议是，'你不能把所有的责任都压在你一个人的肩上。如果你是唯一知道这件事的人，其他人怎么能真正帮助你来改善或解决呢？'我永远不会忘记这一点。从那以后，无论好坏，我都一直坚信信息透明的意义。"

虽然许多员工对这一挑战感到兴奋，但也有人怀疑从零开始重建公司的计划是否可行。对波利蒂斯和他的管理团队来说，这是一个情况变得明朗的时刻，他们了解到究竟有谁愿意在不确定该计划是否会奏效的情况下，为这个为期两年的挑战而努力。"那时候我们得到的一个教训是，一家公司的不同阶段会吸引不同的风险投资组合和不同类型的人才，公司的形象开始发生变化。只有那些想要挑战和冒险的人才愿意留下来。我们解雇了很多人，而留下来的人都是那些做好承担风险准备的人。"

最终目标似乎还很遥远，为了让员工感觉他们正在取得进步，波利蒂斯采取了一种庆祝小胜的策略。他说："这项新技术有4个支柱，每当我们把其中一个支柱立起来，就会给整个公司发一封电子邮件，庆祝这一里程碑，并解释为什么它真的很重要。在我们向客户展示我们在做什么之后，我们会将客户的反馈发送给公司的每个人。如果我们不告诉员工正在发生什么，员工会认为产品永远不会问世。销售人员看不到正在编写的代码，工程师通常也只能看到他们自己编写的那部分代码，我们必须不断地告诉所有员工发生了什么。"

尽管取得了一些小小的胜利，但BetterCloud的董事会在他们付诸转型努力一年后变得不耐烦了，因为转型的时间超出了预期。

波利蒂斯回忆说："董事会责问这是怎么回事，比预期的时间还要长，他们需要看到一些进展。第二天，我们召开了一个紧急的全体会议，这是我以前从来没有召开过的。我告诉所有人，董事会会议就像牙齿接受根管治疗一样，他们提出的问题是对的。这不是一个研究项目，而是一门生意。我们告诉所有人，我们必须砍掉任何不是为了推出这个平台或出售现有平台的内容，这样我们才能继续增加收入。如果某个项目不属于这两点之一，那就立即停止，不用问任何人。我没有做的事情，你也不应该做，仅此而已。如果你不想待在这里，我们也不会觉得被冒犯，毕竟我们现在正处于磨合期。"

在整个过程中，波利蒂斯和他的管理团队确实听到了员工的担忧，他们认为公司的方向变化太频繁。波利蒂斯在下一个全体会议上正面阐述了这些问题。他说："我和员工谈了亚马逊、谷歌以及世界上最好的一些科技公司。亚马逊开始是卖书的，但他们现在的业务是什么？他们做到这一点不是因为他们固执，不撞南墙不回头，而是他们绕过了墙。我说，我们只是想做同样的事。我们不知道会在哪里结束。我们可能不是亚马逊或谷歌，但我们为什么要为了保持战略一致，而眼看着一堵墙还直接撞上去呢？"

做好技术工作只解决了问题的一半，另一半是 BetterCloud 随后不得不说服客户使用他们的新产品。波利蒂斯在 2017 年 1 月制定了一个简单的目标将大家凝聚在一起：在未来 9 个月内为新平台注册 100 个用户。是的，他们已经有了一些关系，可以让他们进入这个领域，但他们正在推销一个更复杂问题的新解决方案。他们知道不可能轻易取胜。

波利蒂斯说："那是一段艰难的时期，但整个公司都有同一个目标。公司两个办公室的每台电视机都有一个从 0 到 100 的计数器，那是电视上唯一显示的内容。我们从 2017 年初开始，到 1 月底有了第一个客户。2017 年 2 月，又增加了 3 个。3 月，我们又获得了另外 6 个客户，4 月的情况大致相同。客户增长得很慢，有人问，'我们的客户数量什么时候才能达到 100 个？'顺便说一下，我们不知道能不能获得 100 个客户，但这个数字对我来说就像一个目标值，我们所有人都朝着这个方向游过去。工程团队会说：'我们需要做些什么才能找到更多客户呢？’然后我们就有了15个客户，突然之间，增长的势头开始明显。我们最终实现了自己定的目标，在9月底客户数达到了140个。于是，我们举行了盛大的庆祝活动，到处都是香槟和写着‘100’的气球。我永远不会忘记那9个月。我们一开始跌跌撞撞地尝试，到最后真的做到了，真是不可思议。大家都哭了，这实在太疯狂了！”

这一转型持续带来红利，公司在各个方面都发展迅速。每个用户给公司带来的平均收入是2015年的10倍，客户合同的平均期限从一年延长到两年半，公司的年收入从2015年的约1 000万美元增长到超过6 500万美元。

**我们一开始跌跌撞撞地尝试，到最后真的做到了，**
**真是不可思议。大家都哭了，这实在太疯狂了！**

——

**大卫·波利蒂斯，BetterCloud 创始人兼 CEO**

这样的努力带来的另一个持久影响是，当波利蒂斯与求职者和潜在投资者交谈时，他试图通过谈论公司在未来几年面临的挑战来吓跑他们，而不是向他们兜售最好的项目。他说："与其夸大其词，不如分享好的、坏的、丑的各个方面，如此一来，当问题出现时，有人会与你同舟共济。最好的、现在还在团队里的人才，是那些在面试中你列出所有问题后，仍对你说‘这可以解决’的人。”

对 BetterCloud 和纽约时报公司这样的企业来说，做出改变要容易得多，因为它们面临着明显而现实的危机，营收和利润的上升趋势显然不可持续，这使得维持现状不再是一种选择。如果前方有一座冰山，人们很难说他们应该坚持到底。而对于那些面对的危机比较模糊的公司来说，挑战会变得更加严峻。比如 2012 年的安进公司，如果船没坏，为什么要修它？即使在迫切需要改变的时候，对改变的抵制也足够强烈，所以当一切表面上看起来都很好时，改变似乎是不可能的。尽管改变的最佳时机是在事情进展顺利的时候，但当没有明显的理由支持采取紧急行动时，实践领导力要面对的挑战会更大。

无论你所在的公司具体情况如何，我们在一开始强调的主题，以及通过纽约时报公司、安进和 BetterCloud 的故事所阐述的主题，都能使所有领导者从中受益。

## 不断改造自己，才能不断改造企业

转型不是一次性的事情，而是持续的挑战，要求领导者在改进公司当前运营方式的同时，认识到不断颠覆的必要性。从很多方面来说，这意味着要有自我质疑的精神，即便你是在制定短期或长期的战略。有可能，这听起来像是一剂治疗瘫痪的良药，但这也是每个领导者都应该追求的一个有价值的目标，即不断改造自己，这样才能不断改造企业。无论对领导者本人还是对他们所领导的企业而言，都不能满足于维持现状。

罗技科技设备公司的 CEO 布拉肯·达雷尔（Bracken Darrell）说："在你前进的过程中，你越成功，就越需要打破常规或制造紧迫感，人在工作时往往不想改变现状，这不利于个人和企业的发展。所以，我现在更专注于定期地改变，做到比我手下员工更喜欢不确定性、对我所真正钻研的事物更具直觉。我对此非常明确。我分享过 2018 年的一个故事，那时我已经工作了 5 年。一个星期日的晚上，我问自己，'我是公司未来 5 年的合适领导人选吗？'于是，我进行了大量的变革，我们的股票上涨了 500%。我知道，从理论上讲，我可能是未来 5 年公司最合适的领导人选，如果没有必要的话，做出改变是有风险的。但另一方面，我参与了每一个人事和战略决策。我的缺点是我知道得太多，而且对我们所做的一切都太投入了……"

"所以当晚我决定'解雇'自己，准备第二天再考虑并再次做出决定。我没有与任何人分享这个想法，包括我的妻子和孩子。我只是对自己说，我已经筋疲力尽了。第二天早上醒来，我觉得我很清楚自己需要做什么，那就是我必须重新'雇用'自己，但没有什么神圣不可侵犯的事物不能被改变。这种领悟非常令人兴奋且令人感到有意思，于是，我开始慢慢改变。幸运的是，我不必彻底改变，但我又觉得焕然一新了。然后我意识到，真正把握机会是把进度框架从 5 年细分到每一年，然后分摊到每个月，再分摊到每一天。如果你能让自己做到每天都不带偏见，那你就成功了。这是我的最终目标，虽然我认为这很难做到，但这就是我的目标。”

**我决定“解雇”自己，准备第二天再考虑并再次做出决定。**

布拉肯·达雷尔，罗技科技设备公司总裁兼 CEO

THE CEO TEST 卓越领导力修炼秘籍

## 领导者推动企业转型的 6 大关键方法

- **争取盟友支持转型。**为必须进行变革搜集无懈可击的证据，使每个人都能理解为什么维持现状行不通。
- **明确不可改变的元素。**明确哪些东西是不可改变的，尤其是公司的使命和目标，让员工更愿意接受完成工作的新方法。
- **促使全员参与。**让你的团队和组织中的其他人都参与到转型策略的开发中来，让大家找到一种共享所有权的感觉。
- **保持透明，坚持沟通。**在转型过程的各个阶段都要保持透明和坚持沟通，确保所有相关人员对转型的目标、步骤和影响有清晰的认识。
- **共享信息。**确保 CEO 和最高领导团队分享转型计划，有明确的职责界限和衡量进展的计分机制。
- **承认不确定性。**承认转型过程中存在不确定性，同时平衡好它与团队的信心、新方向和快速调整能力之间的关系。

THE

CEO

TEST

# 试炼 5

# 你能获得公司的真实动态吗

**没有消息就是坏消息，**
**这预示着远处的**
**警告信号没有到达你这里。**

沙雷尔早年在领导力方面有很多榜样。他的父亲基斯·沙雷尔（Keith Sharer）是一名海军上尉，领导着一个由 400 名飞行员组成的中队。老沙雷尔对飞行和领导力充满热情，经常和儿子分享他的想法。“如果你是中队长，那么你最好是最棒的飞行员。”这是他的格言之一。“永远把手放在驾驶杆上。”他会这样说，提醒大家时刻做好准备。所以，小沙雷尔很早就开始接触领导力了。七年级时，他的童子军队长让他带领其他 60 个男孩。后来，他追随父亲入伍，学习航空工程，也致力于成为一名飞行员。可惜他的视力达不到飞行员标准，他不得不放弃成为飞行员的梦想，把精力转移到潜艇上。

在潜艇领域，沙雷尔遇到了他的下一个榜样——“雷”号快攻核潜艇的指挥官肯·斯特拉姆（Ken Strahm）。当他们的潜艇停靠在美国弗吉尼亚州的诺福克时，斯特拉姆和沙雷尔经常一起骑车上班。沙雷尔学习了斯特拉姆的领导风格——冷静、自信、果断，这与当时军队中常见的虚张声势的领导风格形成了鲜明对比。斯特拉姆对每个成员都有很高的期望，但他也把工作和权力下放给成员并信任他们。

在海军服役8年后，沙雷尔在36岁时加入通用电气公司，进入他职业生涯的快速上升期，并有机会向杰克·韦尔奇（Jack Welch）这样卓越的领导者学习。沙雷尔当时的上司主管公司的战略和业务发展，所以沙雷尔有很多机会亲自向韦尔奇汇报工作。据沙雷尔回忆，韦尔奇在每一个方面都很优秀——信息处理速度快，概念化、模式识别和提出尖锐问题的能力强。此外，他还和某类高管相处得很好，不过如果你是一个内向的或不自信的人，那将不会是一段愉快的共事经历。

在沙雷尔人生的关键时刻，这些影响都强化了他的领导力核心原则。他遇到和共事过的成功人士都很自信，他们明确表达自己的期望，存在感非同一般。这种充满指挥与控制的领导方式沙雷尔信手拈来，他也因此被如期晋升。“我当时的口头禅是‘我赶时间’。我认为自己是房间里最聪明的人，并且我会在前5分钟就证明这一点，因为我不愿意花更多时间。为了节省时间，我甚至会打断别人，告诉对方他们想表达的意思，这样我们就能进入真正重要的环节，也就是我告诉他们该做什么的环节。惊人的是，我居然侥幸过关了。我学得很快，而且这样的领导方式行得通。”

“直到我碰了钉子。”在通用电气和MCI分别任职5年和3年后，沙雷尔于1992年加入安进，担任总裁和首席运营官（COO）。2000年，他被任命为 CEO，组建了新的管理团队，带领公司走上收入和利润不断增长的轨道。公司蒸蒸日上，沙雷尔登上了杂志封面，其他认可接踵而至，这把沙雷尔推到了他事后所说的“自负危险地带”。他投入的注意力变少，探究深度也不够——“我在思考上变得懒惰了。”正如一位值得信赖的副手后来告诉他的，公司里当时流传着一种说法：你应该避免在下午 3 点之后与沙雷尔会面，因为随着一天慢慢过完，他会变得越来越不那么投入。

然后，一场危机袭来。在沙雷尔担任安进 CEO 的第 7 年，有研究表明，高剂量使用安进生产的名为 Epogen 的红细胞生成素，会导致患者出现心脏问题的风险增高。Epogen 为安进贡献了 1/3 的利润而且一直被认为几乎没有副作用。美国食品药品监督管理局（FDA）下令，要求安进修改 Epogen 的配方，这导致安进主力药物的销量大幅降低。由于利润下降，沙雷尔下令公司执行有史以来第一次大规模裁员，他们裁减了 14% 的员工。一开始，他很生气，指责别人造成了这场灾难。沙雷尔回忆道：“我完全不承认，我变得不耐烦和傲慢，我以为下属会去解决问题。但在那次危机中，我意识到自己是个糟糕的倾听者。”

当沙雷尔独自坐在圣塔莫尼卡的一家餐厅里，等待女儿和女婿与他共进晚餐时，他突然明白了。孩子们被堵车耽搁在路上，这给了他时间反思。他再也无法逃避自己对 Epogen 危机处理失误的残酷事实，开始在白桌布上潦草地写下他必须承担的责任。这份列表很快变成了十几条对他自己的批评，其中包括："我没有真正倾听问题所在；我没有真正参与其中；我没有确认公司与 FDA 的关系是否牢固；我以为下属会解决这个问题，所以我没有给他们明确的指令，也没有建立适当的后续流程。"

从那天起，沙雷尔决心要努力成为一个更好的倾听者。在与人会面时，他不会同时想 8 件事，而是更专注于当下。沙雷尔不会把每一次谈话都当成一次简单的业务交流，从而打断别人，告诉他们该怎么做，他会开始询问更多的背景并给出建议。他不仅会听别人在说什么，还会观察他们的肢体语言，了解别人没说的是什么。作为重塑自我的一部分，他与两名主要副手深谈，承认自己必须为出现的问题承担更多责任，并指出自己的不足之处，这让副手们感到震惊。然后，他建立了定期调查、对话和反馈机制以开放公司内外的沟通渠道，使他能更好更早地听到来自远方的预警信号，找到新机会。他认识到，**对领导者来说，倾听的艺术一方面是心态，即把所有的干扰和判断放在一边，纯粹为了理解而倾听；另一方面是承诺，在各个方面建立制度和流程，将"积极倾听"上升为应该高度重视的一件事。**

沙雷尔说："倾听不单纯是听你对面的人在说什么，倾听实际上是对你所处的整个环境保持警觉。各种信号从四面八方以不同强度传递给你，无论是 FDA 的指令，还是董事会、媒体的评价，抑或是公司内部的逸事，你能听到所有信号并把信号从噪声中分离出来吗？这不是一件容易的事，因为大多数传递给你的信息都是经过精心处理的，基调都是令人愉快的，事实上，团队想要让你免受负面信息或正在显露的问题的影响。”

## “我如何知道我需要知道的事”

你很难在商学院找到有关倾听的课程，但对领导者来说，抵御外界多股强大力量的干扰是一项必要技能，这些力量可能联合起来把领导者困在危险的“茧房”中，诱使他们盲目自信，以为自己真的知道公司中都发生了什么。问题很少会随着年头的增长而逐渐被解决，但不作为的后果会随着时间的推移而加剧，其结果可能是灾难性的。典型案例是 1986 年“挑战者”号航天飞机爆炸事故，事故原因是 O 形环有问题，未能在寒冷的天气中实现关键密封。调查这次事故的委员会对美国国家航空航天局（NASA）提出了严厉批评，指出对失败的助推火箭设计和生产负有责任的领导者管理“脱节”。很多公司一次又一次陷入同样的陷阱，例如，波音 737 MAX 的安全问题。管理链中的某些人擅自决定不向老板汇报问题，可能是因为害怕受到惩罚，也可能是认为自己提出的问题会被忽视，还有可能是同事阻止他们掀起波澜。

问题的核心是高管（尤其是 CEO）工作中存在的一个悖论——他们可能在公司中比任何人都能接触到更多的沟通渠道，但流向他们的信息却比其他人的疑点更多、更不可靠。预警信号被压制，关键事实被省略，数据仅被赋予积极意味。当管理者提出问题时，下属们通常选择竖起大拇指说："老板，一切都很好！" 那些怀疑自己没有掌握全局的管理者会困惑："我如何知道我需要知道的事？" 回答这个问题通常需要付出管理者难以想象的努力。这也是管理者面临的一大试炼：如何获得公司的真实动态。公司内部每天总有几十个新问题出现，如果不解决，有些问题可能会导致公司运转瘫痪。

然而，管理者常把自己困在信息茧房中，这是他们的自傲和过时的管理观念造成的。就像沙雷尔在他职业生涯早期所做的那样，他们相信自己比其他人更聪明，相信他们知道答案，并不耐烦倾听别人的想法。许多高管仍然认同"领导、追随或让开"的旧方式。至少在短期内，这种管理风格的效率毋庸置疑。"现在就做这件事"确实比"我们面临这个挑战，所以你认为最好的方法是什么"节省更多时间。一些 CEO 告诉自己，手下管理团队的工资颇高，其工作内容就应该包括处理问题以便 CEO 不受到影响。在《熄灯：美国通用电气公司的骄傲、妄想和坠落》（*Lights Out: Pride, Delusion, and the Fall of General Electric*）一书中，作者托马斯·格里塔（Thomas Gryta）和特德·曼恩（Ted Mann）举了通用电气公司前 CEO 杰夫·伊梅尔特的例子。对那些质疑公司某些激进的增长目标能否实现的下属，伊梅尔特说："你的团队对目标的渴望还不够强烈。"这会让员工停止与 CEO 沟通，从而造成"成功剧场"（success theater）假象，增长也会停留在表面，CEO 也无法与员工就实际问题展开有效沟通。伊梅尔特不是唯一一个这样做的人，领导者发出的信号，阻止了下属提出令人不安的问题或分享坏消息。

内尔·米诺（Nell Minow）表示：“我们追踪的每一家表现不佳的公司都有一个明显特征，那就是 CEO 会与各类质疑保持距离。”米诺在 20 世纪 90 年代是股东权益基金蓝思（Lens）的主要负责人。蓝思持仓西尔斯（Sears）、《读者文摘》（*Reader's Digest*）和废物管理（Waste Management）等 20 多家公司，会开展公开活动向这些公司的董事和管理层施压，迫使他们采取行动。米诺补充说：“这些公司的 CEO 都采取大量措施以防有人质疑或批评他们。在我们持仓的一家公司里，我们和很多员工聊过，他们都说了同样的话——如果你不同意老板的意见，你会被当场解雇。”

**我们和很多员工聊过，他们都说了同样的话——如果你不同意老板的意见，你会被当场解雇。**

**内尔·米诺，蓝思前主要负责人**

领导者工作中的特权和“纯净空气”可能令人陶醉，也可能令人处于危险境地。虽然许多领导者都说他们实行“门户开放”政策，但他们往往不是真的这么想。门可能是开着的，但员工很快会明白，他们不能直接走进去。与领导者见面时，许多员工都带着自己的目的。

有些员工隐藏得比较好，但他们依然试图在谈话中争取个人利益，无论是实现自己的职业野心（也许是通过牺牲某个同事），还是游说来更多的资源。这些力量结合在一起，给领导者带来巨大挑战，他们必须更有效地倾听，以便清楚地了解公司内的所有信号，无论是好的还是坏的。突破信息茧房需要针对性策略，但首先要意识到茧房的存在。

## 走出信息茧房

《黑道家族》（*The Sopranos*）是HBO出品的一部极具影响力的电视剧，讲述了一名黑帮分子和他住在美国新泽西郊区的家人的故事。在第五季中，有一场戏是黑帮老大托尼与他的妻子卡梅拉争吵。他们最近分居了，两人一直在为一些账单争吵，包括他们家里媒体室新音响系统的费用。托尼讽刺地问卡梅拉，新音响系统是不是为她和她的"电影鉴赏家朋友"准备的。卡梅拉厉声回答："至少我还有朋友！"托尼让她说清楚。卡梅拉告诉他，和他一起混的那些人都是他的走狗，不是他的朋友，因为他们拿着他发的工资。"你是老板，他们害怕你，对你讲的蠢笑话发笑只是他们的工作。"

托尼怒气冲冲地走了，但卡梅拉在他心里埋下了怀疑的种子。在这一集的后面，当托尼和他的手下们打扑克牌时，他有意讲一个不搞笑的笑话来验证妻子的说法。他问手下们："当你遇到一个会计和一架巨型喷气式飞机时，你会得到什么？无聊的 747。”手下们哄堂大笑，这把托尼吓了一跳。电视观众们此刻可以看到围着桌子的慢镜头，托尼的手下指着他大笑不止，仿佛他是个喜剧天才。然后镜头回到托尼脸上，他缓慢眨眼，向观众表示，他意识到卡梅拉是对的。

“看看你的笑话有多好笑。”这是米诺第一次担任机构投资者服务公司总裁时，她的长期商业伙伴鲍勃·蒙克斯（Bob Monks）告诉她的领导法则。米诺说：“我必须每周提醒自己三四次这句话。不是因为我必须讲笑话让大家笑，而是因为我需要不断提醒自己，当你在公司中的职位越高，你越难让人对你讲实话。”

**看看你的笑话有多好笑。**

**内尔·米诺，蓝思前主要负责人**

那么，领导者如何走出信息茧房呢？以下是一些领导者如何为员工设定基调和期望的真实案例。

2012 年，布拉肯·达雷尔加入罗技科技设备公司，他遇到了一种员工太过“友善”的企业文化，当公司业绩下滑时，员工都袖手旁观。因此，他在上任之初就阐明了几个价值观，其中包括他认为最重要的一条：直言不讳。达雷尔说："当员工经历一段艰难时期时，就像罗技科技设备公司经历过的这 4 年一样，每个员工都会谈论问题。但如果没人听他们的，他们就会停止谈论，你就不知道问题所在。最危险的事情是坐在办公室里，没人告诉你哪里出了问题。所以我要求员工大声说出问题并快速行动。我不喜欢和傻瓜待在一起，我期待每个员工都能互相挑战。"

安永公司的凯利·格里尔告诉下属，他们有责任让她知道她需要知道的事。她说："如果你没有营造出一种企业文化氛围或环境，让下属可以自由地挑战你的领导地位，你就会处于危险的境地，因为你会有盲点。"在她担任过 5 个领导职务后，她对团队中的每一个人以及董事会成员说："你们有责任帮助我消除这个盲点。你得把真相说出来。你必须坦率，我们必须有这种程度的信任。"

软件公司思杰（Citrix）的前 CEO 马克·邓普顿（Mark Templeton）采用一种机制来确保员工不会被头衔或等级制度束缚。他说："你必须确保你永远不会将管理所需的等级制度和人们应得的尊重混为一谈。因为这就是很多公司偏离轨道的地方，混淆了尊重和等级制度，认为低等级意味着低尊重，高等级意味着高尊重。因此，等级制度是管理的必要之恶，但它与个人应得的尊重毫无关系。如果我一遍又一遍地对每个员工说这句话，员工就可能给我发电子邮件，不管他们的头衔是什么；也可能随时来找我探讨一些事情：一个好主意，一个大问题，或者寻求建议之类的。"

**等级制度是管理的必要之恶，**
**但它与个人应得的尊重毫无关系。**

——

**马克·邓普顿，思杰前 CEO**

美国前商务部长佩妮·普利兹克（Penny Pritzker）在与求职者的首次谈话中会直言不讳地谈到隐瞒问题的危险性。她说："当我想雇用某个人时，我会和他谈谈什么行为会让他被解雇：撒谎、欺骗或偷窃一定会被解雇，另一种行为就是你把问题藏在心里。问题总会发生，我的工作就是帮你解决问题。我发现不告诉你事情全貌，喜欢隐藏部分事实的员工最麻烦。他们就是不给你全貌，这让我很担心。他们这么做通常是因为他们不想告诉你坏消息。所以你需要允许他们告诉你坏消息。"

无线系统公司 Aira Technologies 的 CEO 阿南德·钱德拉塞卡尔（Anand Chandrasekher）要求他的团队遵循一个简单的规则：如果有坏消息，就给他发短信；如果是好消息，他们应该等一等，然后当面告诉他。他说："任何组织最困难的事情是让员工绝对讲真话。只分享好消息和只接受好消息是人类的一种本能。如果你能让一个团队和一个组织不害怕坏消息，不管是接收还是传递，那么你就可以建立一个预警系统。如果你能早一点得到坏消息，你就有更长的反应时间，反应时间是很宝贵的。”

英国糖业公司（British Sugar）的总经理保罗·肯沃德（Paul Kenward）在会见不同部门的员工时偶尔会问他们：“过去5年里，我们在英国糖业取得的哪些成就让你们真正感到自豪？”员工回答后，他又问：“想象一下5年后我们在一起的情景。现在有什么是值得我们骄傲的？你真正想要取得的成就是什么？你真正想要的改变是什么？”“这些询问使员工更积极地谈论他们今天看到的问题。”肯沃德说。“这是一个简单的方法，但很有智慧，”他补充道，“员工为自己取得的成就感到自豪，他们需要感到自己取得了进步。让改变发生已经很困难了，如果不能认识到有能力改变，员工在开始之前就会放弃。事实上，大多数公司已经改变了相当多的东西。你只需帮助员工意识到这一点就行。”这种方法的另一个好处是，它使对话集中在改善公司的宏观想法上，从而减少员工对小事的抱怨。对小事抱怨有时会悄悄进入全员问答环节。

仅仅给员工一个畅所欲言的期望是不够的。管理者必须投入时间和精力去员工们办公的地方走走，去制造厂或商店看看，定期举行全员大会（理想情况下，让员工有机会匿名提问），并与来自不同部门和级别的员工会面。诚然，这可能耗时耗力，但这是领导者工作的核心。如果陷入信息茧房，领导者对公司内部情况的认知和现实之间的差距会越来越大，这可能会减缓公司发展的势头，导致顶尖人才离职。

对公用事业公司美国水务（American Water）的前 CEO 苏珊·斯托里（Susan Story）来说，童年的一段生动记忆不断提醒她走出办公室，与员工见面。她说："我 12 岁的时候，我爸爸是一名管道安装工。他当时正在参与一个大项目，一天，回到家时他摇着头，因为他有一个主意可以为雇主节省一大笔钱，但他的上司不听他的。我当时就在想'多么愚蠢的主管'。这句话一直萦绕在我耳边。如果你真的想知道发生了什么，你就得走出办公室，听听一线员工怎么说。"

**如果你真的想知道发生了什么，**
**你就得走出办公室，听听一线员工怎么说。**

——

**苏珊·斯托里，美国水务前 CEO**

与来自不同部门和级别的员工会面是提醒员工公司战略的重要时机，同时可以在问答环节中澄清误会。但领导者也可以把这些会议作为预警系统来发现问题，用有效的提问方式让员工分享自己的想法。在领导 A+E Networks 的时候，阿贝·雷文（Abbe Raven）会定期与不同级别的员工举行小型早餐、午餐或咖啡聚会。"通常，我的第一个问题是，假设我是一个新来公司的 CEO，而你第一次与我会面，你会聊些什么话题？我们应该改变什么，不应该改变什么？"雷文还会在大厅里拦住新员工，问他们："这里有什么东西是对你有用但你以前没有过的？你在前公司做过的事情，我们应该做吗？”

在小组或一对一会议中，管理者需要练习倾听这一核心技能来促使员工愿意跟你讲事实。管理者可能会发现，当每时每刻都有 10 件事要思考时，他们很难全神贯注，但这是一项必要的训练，这也意味着倾听更有利于理解和减少盲目判断。

捷蓝航空公司董事长兼彼得森投资公司（Peterson Partners）创始人乔尔·彼得森（Joel Peterson）说：“你不能总想着自己的议程表。当你带着自己的议程表听别人说话时，你就会模式化回应，而不是认真处理别人正在说的信息。你必须全身心投入。如果你有表现自己或被倾听的强烈需求，那么这种需求可能会破坏整场谈话。如果你真的脚踏实地，能够自恰，那么你就能真正进入别人的世界，我认为这能建立信任。”

**领导者要记住这个有用的首字母缩略词 WAIT，它的意思是“我为什么要说话”（Why Am I Talking），因为领导者说的任何话都可能使谈话很快冷场，成为领导者的“单方面输出”。**

当你带着自己的议程表听别人说话时，你就会模式化回应，
而不是认真处理别人正在说的信息。

——

乔尔·彼得森，捷蓝航空公司董事长兼彼得森投资公司创始人

## 真正地去倾听，让员工愿意和你讲

**“成为一个更好的倾听者”，这不仅仅是给领导者的一个便笺式的提醒，也不仅仅是在领导者日理万机的任务清单上再增加一项任务，而是要求领导者转变思维方式，培养技能来征求定期反馈。**

让我们想想沙雷尔在安进的几年里建立的“倾听生态系统”（listening ecosystem）吧。他会从团队那里得到一份有关竞争对手的季度报告，这样他就可以了解公司面临的挑战，然后询问团队安进如何应对这些问题。他扩大了自己在公司内部的人脉网络，包括跟负责安进与 FDA 关系的员工会面。他为这些会议制定了一套结构化问题，包括问员工：“我们是否履行了对 FDA 的承诺？ FDA 中有谁对我们有意见吗？ FDA 的下一个关注点是什么？你还有什么要告诉我的吗？”此外，他还与负责合规工作的副总裁定期开会，以确保安进的销售团队遵守规定，只与医生谈论安进药物的临床效果，不谈论这些药物能

为医生带来的利益。他还与工厂经理建立联系，并经常拜访他们。他常常和销售代表们待在一起，在拨打销售电话的间隙询问他们可能存在的任何问题。

倾听预警信号是至关重要的，但倾听机遇信号同样重要。在安进度过了 Epogen 危机并再次实现稳健增长后，安进的股票却没有起色，部分原因是生物制药行业不再受青睐。安进的领导层及大股东认为，公司的股价被严重低估。在一次长谈中，一个最大的投资者问沙雷尔："为什么这么多生物制药行业的公司都负债这么少？"传统观点认为，公司需要稳健的资产负债表，以抵御任何专利到期的风险或像安进刚刚经历的这类危机。

股东的问题困住了沙雷尔，他进行了一些粗略计算——在那个低利率时期应该借多少钱来大量回购公司股票，同时还能留存足够的现金以备不时之需。他的团队被这个想法吓得面色发白，但沙雷尔坚持这么做。安进以每股 60 美元的价格回购了公司的大部分股份，自那以后，股价上涨了 4 倍多。很快，许多其他制药公司纷纷效仿。

安进的做法始于一位股东的一个简单的问题。沙雷尔说："机遇信号是出乎意料的，这需要我持开放态度，并愿意冒一点儿风险。"这个例子并不是说回购股票是万灵药。在多数情况下，如此做的 CEO 被批评是合理的，因为他们除了把现金储备用于短暂的股价上涨外，几乎没取得什么成就。但安进股价自那以后大幅上涨的事实表明，回购是在正确的时间采取的正确举措。

沙雷尔建立“倾听生态系统”的举措还包括一些其他步骤，如让他的首席人力资源官布莱恩·麦克纳米定期询问下属领导团队对他表现的看法。麦克纳米代表沙雷尔问的问题有：“我做的什么事情是你想让我继续做的？”“哪些事情是我应该停止做的？”“哪些事情是我应该大幅修改的？”“哪些事情是我应该开始做或做更多的？”“你还有什么要告诉我的吗？”为了鼓励坦诚，麦克纳米会把所有回答汇总成一份报告，交给沙雷尔，也交给董事会成员，供他们阅读讨论（沙雷尔的 CEO 朋友们认为他这么做很疯狂）。

此外，在针对所有安进员工的年度调查中，沙雷尔会问这样一个问题：“你怎么看沙雷尔现在的工作表现？”其下留有一个空白处，供员工写下对他表现的看法。沙雷尔会在晚上阅读收到的数百条回复，他经常在身边放一瓶饮料以帮助他消化有时看起来比较生硬的反馈。例如，许多人说沙雷尔倾向于远程领导。因此，他承诺花更多时间出现在公司里，包括在大厅里走动，在食堂里与员工聊天，并举行更多的全员会议。

他说：“建立‘倾听生态系统’不仅仅是被动地接受摆在你面前的一切。你必须制定一些结构化的问题，让员工知道你想听他们说什么。这意味着你会按照他们最好的建议去做，也意味着你在倾听他们的意见。”

在与安进董事会进行重要会议后，沙雷尔会撰写一份会议摘要，确认董事会意见，记录他下一步要做的工作，并将其发送给所有董事。他说："这证明你在倾听、尊重并理解董事们的话语，并且清楚自己要采取的行动。这样他们就不能说你没听到。你还得明确事情原委，清楚下一步该怎么做，让他们有机会提出不同意见或澄清自己的想法。"

沙雷尔甚至经常让自己重新体验 Epogen 危机后在圣塔莫尼卡意大利餐厅真情流露的时刻。他说："我偶尔会独处，写下我眼中的真实处境，而不是被曲解的版本。我们面临的真正问题是什么？我一直试图去理解现实——不是我所期望的版本，不是某种幻想，也不是某些断章取义的版本，而是残酷的现实。"在担任 CEO 的第 10 个年头，沙雷尔独自花了一个周末，在加州海岸一间租来的小屋里写了一份类似成绩单的报告，记录了自己过去 10 年的表现，包括哪些方面做得很好，哪些方面本可以做得更好，以及为了迎接公司未来的挑战，他需要专注于哪些方面。他也和安进董事会分享了这份总结。

除此之外，沙雷尔更改了自己倾听的方式，试图比发生危机前更专注当下，更理解肢体语言。"我就像摘下了有色眼镜。"沙雷尔回忆道，"我意识到，过去我为了效率和果断决策而采取的许多做法实际上阻碍了倾听。所以我放慢了速度。我确信自己准备好去倾听，并挤出时间去倾听。"

沙雷尔把自己的办公室设计得像个客厅，在一对一谈话中，他总是坐在远离办公桌的椅子上。“我想营造一种环境，让我的直接下属信任我，他们可以告诉我坏消息，不用担心自己会受惩。你必须把直接下属当作合作伙伴。伙伴们可以一起讨论棘手的问题，并提出合作的最佳对策。我定期和他们交谈，只问发生了什么事，我不会着急。跟他们谈话，我会以顾问和导师的身份，而不是法官。”

领导者不能只从表面看公司发出的信号，他们必须制定战略来回答每个高管都必须能独自回答的问题：“你如何了解公司的现实状况及动态？你的员工对公司的感觉如何？”沙雷尔说：“如果你只是四处转转，看到一堆快乐的面孔，然后就说每个人看起来都很快乐，那么你就没有在倾听。因为‘倾听生态系统’不是为给你这些信息而建立的。”

如果不懂得倾听是一种多维度的实践，是需要投入精力并持续关注的，领导者就无法生存或发展。建立“倾听生态系统”意味着把“没有消息就是好消息”的陈词滥调打破。实际上，没有消息就是坏消息，因为这意味着来自远方的预警信号没有到达你这里。

THE CEO TEST 卓越领导力修炼秘籍

## 领导者走出信息茧房的 6 个方法

- **创造直言不讳的环境。**将员工视为合作伙伴，确保他们不被头衔或等级制度束缚，允许他们汇报坏消息。
- **建立倾听系统。**建立定期的员工调查、反馈机制，开放沟通渠道，持续监控组织内部和外部的舆论环境。
- **多维度倾听。**接收不同来源的信号，包括监管机构、董事会、媒体以及公司内部的。对整个运作生态系统保持警觉。
- **保持开放的心态。**实践 WAIT 原则，避免打断对方或带着预设立场做判断。
- **定期独自反思。**客观地评估公司现状和个人作为领导者的表现。
- **改变倾听习惯。**放慢对话速度，询问更多与项目有关的背景和建议。解读肢体语言和非语言线索。

# THE CEO TEST

## 试炼 6

## 你能应对危机吗

**危机会促使你的注意力从“原本计划会怎样”转向“未来可能会怎样”。**

我们在 2020 年夏天写下“汲取众多领导者的前车之鉴”这句话，那时，新型冠状病毒感染危机仍在这个星球四处蔓延。在美国，感染病毒的人数不断刷新纪录。在全球范围内，因感染新型冠状病毒而死亡的人数仍在增长。医药公司正在研发并试验可行的疫苗。人们知道，在 2021 年之前找到解决方案从而完全结束这场大流行病几乎是不可能的。

这是我们这个时代的典型危机，人们把它与 1918 年大流感和之后的大萧条相提并论。同时，它也引发了新的讨论：在新常态下生活会是什么样子的？远程办公会一直持续下去吗？既然人们已经发现视频会议同样有效，且效率更高，那么长途跋涉的出差还有必要吗？商业地产的未来将会如何？购物中心还会存在吗？高等教育的未来会怎样？旅游业呢？

对许多高管来说，这场危机是一次关于领导力的新挑战，尤其是对那些在2008年金融危机之后，从一段异常稳定期进入管理岗的高管而言。毋庸置疑，未来10年，一些其他危机将使世界发生天翻地覆的变化。也许我们最终会放弃用“一生一次”这类短语来描述类似危机，因为一个人的一生似乎会遇到许多这样的危机。2020年3月，当新型冠状病毒一夜之间变成摆在我们面前的威胁时，“VUCA时代”正式开始。[①] 接下来会是什么危机？网络攻击，还是持续已久的气候危机出现新的爆发点，或是另一种致命的病毒？

如果不确定性变成新的确定性，领导者就必须做好准备，不仅要为类似新型冠状病毒感染这种影响所有人的外部危机做准备，还要为内部危机做准备。在漫长的职业生涯中，领导者可能会面临一些公司、部门或团队的特定危机。比如，黑客可能会泄露客户的敏感数据；软件故障可能导致安全隐患；工厂事故可能会令员工受伤，导致重要生产中断；一个员工发的推特内容可能升级为社交媒体上的舆论事件，损害公司声誉。

对所有领导者来说，他们需要担心的事情只会更多，尤其是在工作和生活的界限变得模糊的今天。企业，而不是政府，被赋予纠正更多社会错误的期望。卡地纳健康公司（Cardinal Health）前董事长兼CEO乔治·巴雷特（George Barrett）在谈到CEO角色时表示：“这

① “VUCA时代”是美国陆军军事学院最先提出的，代表着不稳定性（Volatility）、不确定性（Uncertainty）、复杂性（Complexity）和模糊性（Ambiguity）。

一角色正在发生变化，它将需要各种不同类型的智慧和更强的情境意识。现在，这份工作需要同时管理多个操纵杆。过去，大多数操纵杆都在幕后，它们是可操作的。通常会有几个利益相关者的声量特别大，领导者往往会集中精力管理他们。如今，所有声量都变得更大，领导者必须关注更积极参与的利益相关者。这需要相当娴熟的技巧。”实际上，这些有关CEO角色的变化，对所有领导者都是一样的。

**过去，大多数操纵杆都在幕后，它们是可操作的。**
**通常会有几个利益相关者的声量特别大，**
**领导者往往会集中精力管理他们。**
**如今，所有声量都变得更大，**
**领导者必须关注更积极参与的利益相关者。**
**这需要相当娴熟的技巧。**

——

**乔治·巴雷特，卡地纳健康公司前董事长兼 CEO**

应对危机相当于是对我们在前几章中描述的所有试炼的期末大考，而这本身也是对领导者的又一试炼。如果你制定了一份简明战略规划，培育了强大的企业文化，打造了一个有凝聚力的团队，引领了转型并实现自我颠覆，建立了一个良好的“倾听生态系统”以确保你能听到重要信号，那么你就有可能更好地度过下一场危机。身处危机之中就不适合在这些基础问题上下功夫了。因为当你处于巨大压力下，你会紧张到胃痉挛，缺乏清晰的理性思考，你只能依靠肌肉记忆来度过危机。作为领导者，你的团队会希望你冷静、自信、可信，而这些重要品质你都无法伪装，它们可能来自于你从过去的危机中吸取的痛苦教训，但你也可以通过理解危机的可预测模型或根据他人做什么和不做什么的经验来习得。

我们的目标是提供一套放慢节奏的指导攻略，以及将使你立于最佳位置的领导方法，帮助你更好地理解不同挑战的动态。在危机中担任领导者，你将遇到的特殊挑战是要在极度不可预测和高压力的情况下找到一些可供预判的线索，很多事情岌岌可危，包括你自己和所在公司的声誉。

有两种危机的性质非常不同，一种是像新型冠状病毒感染这样的外部危机，另一种是公司出现重大问题的内部危机，我们将对这两种危机分别进行研究，并分享经历过每种危机的领导者的一些经验教训。让我们从新型冠状病毒感染开始，然后讨论如何处理更多的公司内部危机。

关于新型冠状病毒感染的危机有太多未知[①]——有多少人会失去

① 本书英文原版出版于 2021 年，其时新型冠状病毒感染导致的全球危机尚未解除。——编者注

生命？什么时候能研发出疫苗？经济最终会遭受多大损害？世界会变得有什么不同？前面的道路肯定不会始终平坦，而且对每个公司和每个行业来说，问题都将是不同的。危机造成我们的生活方式会永久改变的现实问题，令许多领导者举步维艰。除了努力维持企业的生存，领导者还必须担心被迫居家办公的员工的心理健康。什么时候让员工回到办公室？如何确保安全？如果员工不愿意回办公室怎么办？相比之下，2008 年的金融危机似乎更简单，因为它只有两个主要问题：金融漏洞有多深？要多久才能摆脱困境？

然而，尽管新型冠状病毒感染造成了各种不确定性和深远痛苦，但与公司特定的危机相比，新型冠状病毒感染在某些方面带来的领导力挑战更为简单。毕竟，新型冠状病毒感染的威胁影响着每一个人，除了政治家和卫生官员的作为与不作为被严格审查外，大多数公司的领导者并没有因此而受到指责。新型冠状病毒按下了全球经济发展的暂停键，所以公司的财务压力不会被视为战略失误或对产品、服务的错误决策的结果。与许多外部原因造成的危机一样，这次危机更像是大家在一起学习危机管理经验。

在我们与众多领导者就危机进行的数十次对话中，出现了一些关键主题。可能在未来 10 年，下一个危机到来时，这些主题会成为重要提示。

## 越是危急时刻，越要展现人性化的一面

令人惊讶的是，并不是所有 CEO 都在危机来袭时露面，尤其是在不得不削减成本的时候。Merryck 的 CEO 大卫·雷蒙（David Reimer）在职业生涯早期曾在 Drake Beam Morin 工作过十几年，这是一家帮助企业进行重组和裁员的咨询公司。他说，大多数 CEO 在危机来临时反而退到暗处。

雷蒙回忆说："他们会宣布重组，但之后会从内部的聚光灯下消失一段时间。还有一些 CEO，他们很擅长通过全员大会这样的渠道来定期传递信息。但他们也会和员工保持一定距离，尤其是在他们宣布裁员的时候。但也有一些 CEO，他们会经常关注那些被解雇的人，看看他们的情况如何。所以在某种程度上，某些 CEO 宣称的价值观并没有随着裁员而结束。留下来的人会对公司有不同的感受，因为他们知道，即使这不是终身雇用，也有一个心理上的契约会延伸到他们与公司的雇佣关系之外。"

在发生危机时，领导者需要比平时更多地露面，因为他们需要通过言语、行为和肢体语言来定下基调。即便是在比较稳定的时期，领导者也总会被"过度解读"，员工会分析他们的每一次皱眉、耸肩或无意的评论以寻找其中的隐藏含义。但领导者可以反向利用员工的仔细观察来发出明确信号，表明在做出任何裁员决定时，他们都深刻地认识到裁员给被裁人员带来的情感和经济损失。

例如，万豪国际集团的 CEO 阿恩·索伦森（Arne Sorenson）在 2020 年 3 月发布了一段 6 分钟的感人视频，这段视频为他赢得了广泛赞誉。他在视频中谈到，公司正在遭受严重亏损，并公开表态自己将放弃今年剩余时间的工资，整个管理团队的工资都将被削减 50%。

他承认，他的团队对他在视频中传达的信息有所顾虑，因为每个人都可以在视频中看到他正处于胰腺癌治疗期的憔悴模样，包括他的"新秃头形象"，体重的减轻也使他的西装看起来大了几号。"我可以告诉你，我从来没有遇到过比这更困难的时刻。"索伦森明显有些哽咽，"没有什么比告诉公司的核心领导团队，他们的工作和生活正受到不可控事件的影响更糟糕的了。"

员工们想要一个自信的领导者，但他们也想看到领导者人性化的一面。在新冠疫情暴发后不久，普华永道美国公司董事长兼高级合伙人蒂姆·瑞安（Tim Ryan）在一次与数万名普华永道员工进行的每周网络直播例会中，与所有人分享了他与家人上周五晚上的崩溃时刻。他的家里有 6 个小孩，每个人都在应对被隔离时的新压力和紧张感，都想知道其他人是否过得更好。

瑞安说："在危机时刻，重要的是领导者要展现自己人性化的一面，你不是什么超人 CEO。**分享是一种疗愈，让我们的员工意识到'我不是唯一一个'更是一种疗愈。**我大概收到了 300 封电子邮件，大家都在分享他们的崩溃时刻。"

**在危机时刻，**
**重要的是领导者要展现自己人性化的一面。**

——

**蒂姆·瑞安，普华永道美国公司董事长兼高级合伙人**

## 利用危机的紧迫性实现快速行动

想象一下，在新型冠状病毒感染开始的几个月前，一家全球公司的领导团队中有人提出这样一个问题："怎样才能让员工都居家办公？"领导团队可能会因为这个想法的不切实际而一笑了之，但如果领导团队继续探讨下去，可能会发生这样的情况：领导团队将就此组建专门委员会，提出关于这种转变对技术、法律、人力资源等各个方面的挑战。可能要再过18个月，委员会才会得出居家办公不可能的结论。然而，当新型冠状病毒让领导团队别无选择时，企业几乎一夜之间就做到了让所有员工居家办公。

许多公司通常难以掌握一些处理业务的核心技能，比如优先次序、决策速度和创新，但这些在危机中变得容易。阿里亚（Arria NLG）是一家将数据转化为自然语言的人工智能公司，该公司CEO莎伦·丹尼尔斯（Sharon Daniels）说，疫情刚开始时，她会在团队每日例会中先问一个简单的问题以帮助每个人确定工作的优先次序："我们今天的重点是什么？"她补充说："在危机发生的第一个星期，我告诉大家不要试图面面俱到，把重点放在预计最能产生效益的地方，其他事情可以先退居次要位置，这是可以接受的。事实证明，一切都在向前发展，团队成员的精神压力也得到了释放。"

在 ServiceNow，帕特·沃多斯表示，新冠疫情暴发后，她在公司看到了更多的敏捷性和"完美的不完美"自由。创新从想法到执行只需要一两个星期，随后被引入市场，顾客的反馈帮助改进最初的设想。虽说事情本身就应该这样，但过去往往不是这样。她说："我们都处于这种局促的不稳定状态，所以大家的包容度从未像现在这样高。我们没有像以前那么担心'打磨后的结果'。"

倘若给一屋子的高管们足够的时间，他们可以很容易地列出一长串不做某件事的理由。但在危机之中，思考的时间变少，采取行动的紧迫性更强。对许多公司来说，问题已变成，一旦摆脱危机，我们如何还能坚持这种高效运作方式？

## 拥抱模糊性，保持团队士气

作为一名领导者，你如何在承认严峻现实的同时保持自信并鼓舞人心？当你需要让员工负起责任、尽最大努力工作时，你如何理解和调节员工的情绪压力？这要从信任的基础开始。员工必须知道你给了他们准确的信息，包括你知道的和不知道的。员工有敏锐的触角，会发现任何变化。然后，问题就变成在特定时刻感知正确的方法是什么。

视频游戏软件公司 Unity Technologies 的 CEO 约翰·里奇蒂洛（John Riccitiello）说："这是一个有趣的平衡。一方面，我希望员工把自己的健康和家庭放在第一位。我告诉高管'也让你的下属如此安排重心'。员工将度过一段艰难时光，所以要为他们留出空间，让他们做生活中的自己。要给那些无法像以前那样贡献那么多的员工留出余地，给他们和以前一样的待遇。另一方面，我们每一位员工的大部分净资产都在公司的股票上，要让员工知道公司的强大很重要，在危机来临时，他们有一份好工作，危机结束后他们仍会有一份好工作。但员工也需要看到这份工作的缺点。"

许多高管表示，拥抱模糊性是他们目前在人才储备中寻找的最重要技能。身处危机中，问题的关键不在于采取何种正确的领导方式，而在于如何应对当前形势。这些都属于直觉性判断。

芭芭拉·库里（Barbara Khouri）是一位在职业生涯中经历过 6 次转型的老兵，她说："上一分钟你必须冷静下来并帮助别人冷静下来，但下一分钟你必须兴奋起来并激励别人；上一分钟你必须赋予员工创造力，让他们自己去尝试，而下一分钟你就要灌输纪律，告诉员工‘这就是我们要做的，每个人都要排队’。你必须知道什么时候该笑，什么时候该认真对待。同时，你也需要更多的优先次序，更多的人性化，更多的信任，更多的沟通，更清晰，更透明，更愿意为他人服务。但在你做决定之前，对‘完美’和‘掌握所有数据’的需求也减少了。”

## 视危机为重新审视组织的战略机会

危机是一个让你重新审视公司战略的机会。那些以前看起来不可能解决的问题突然被摆在了桌面上。帕姆·菲尔兹（Pam Fields）曾被十几家公司聘请参与领导力转型项目。她说，危机为领导团队创造了一个难得的机会，让他们可以反思：如果我们今天从零开始创建一家公司，我们会采取哪些不同做法？一旦我们度过了这场危机，1 年后、3 年后我们想达到什么水平，我们需要什么资源才能达成这个目标？妨碍我们达成目标的阻力是什么？

菲尔兹说：“一旦你有了结构化问题模型，提出和回答这些困难问题就变得容易一些了。例如，也许你想减少对实体零售商的依赖，更多地转向直面消费者的模式。那么，你可以去跟普通员工分享一下你的想法。你可以说‘这是我们现在的位置，这是我们想要达到的位置，这是我们实现目标的方法和所需资源’。无论你是否处于危机中，这个由 4 部分组成的结构化问题模型可以帮助员工理解你的下一步工作。”

经历过金融危机或其他市场动荡的人都知道，危机总会结束，新常态会随之而来。问题是，新常态是什么？如果你现在开始创建公司，基于你对危机结束后新常态的判断，你会如何重新设想你的公司？

---

**如果你现在开始创建公司，基于你对危机结束后新常态的判断，你会如何重新设想你的公司？**

**帕姆·菲尔兹，Merryck 公司高管导师**

---

人们对新冠疫情暴发前实施的计划感到不知所措，甚至有一种失落感，这是人之常情。事实的确如此，这也是为什么斯科特·贝林纳托（Scott Berinato）于 2020 年 3 月 23 日在 hbr.org 上发表的文章受到追捧。这篇题为《你感受到的不适是悲伤》（*That Discomfort You're Feeling Is Grief*）的文章一经发表，就成为该杂志历史上浏览量最高的在线文章。在危机中，对领导者的试炼是，如何将他们自己和公司的关注点从“原本可能会怎样”转向“以后可能会怎样”。正是这种心态成就了成功企业家和伟大领袖。

**只要在想象和现实之间取得恰当平衡，每件事都可能成为机会。**领导者有时需要提醒员工这一点。Aira Technologies 的阿南德·钱德拉塞卡尔与员工们分享了罗杰·班尼斯特（Roger Bannister）如何成为第一个在 4 分钟内跑完 1 英里（约 1.6 千米）的人。体育运动有时被过度用于商业类比，但班尼斯特的确是一个有力而具体的例子，人们有时会限制自己对可能性的思考，特别是当他们感觉自己被障碍重重包围的时候。

钱德拉塞卡尔说："100 年来，人们认为要在 4 分钟内跑完 1 英里是不可能的。甚至医学杂志都认为这超出了生理极限，因为它会给跑步者的心脏带来巨大压力。然而，班尼斯特接受了这一挑战，美国人韦斯·桑蒂（Wes Santee）和澳大利亚人约翰·兰迪（John Landy）也接受了挑战。班尼斯特终于在 1954 年突破了这一极限，关键是，在接下来的几年里，又有更多人突破了这一极限。"

"对我来说，这是一个很好的例子，说明了观念，而不是能力，是如何阻碍人们前进的。并不是说一个人不能在4分钟内跑完1英里，而是我们无法想象自己能做到。**在不确定的时期，缺乏想象力和信念感会阻碍我们前进。作为管理者和领导者，我们的工作就是树立'一切皆有可能'的信念，让每个员工都保持专注。这是人类生存发展的根本，我们是靠希望活下来的。**"

**作为管理者和领导者，我们的工作就是树立**
**“一切皆有可能”的信念，让每个员工都保持专注。**
**这是人类生存发展的根本，我们是靠希望活下来的。**

——

**阿南德·钱德拉塞卡尔，Aira Technologies 创始人兼 CEO**

## 必须确保危机期间信息的准确性

在新型冠状病毒感染这样的危机中，领导者可以感到些许安慰，因为他们并不孤独。问题不是领导者引起的，他们被给予了“假定无罪”的好处，他们正在尽最大努力引导公司渡过难关。这种风险是去个性化的。但公司内部危机则不同。无论是企业的财务还是员工的身心健康，都存在真正的风险。

当公司、部门或团队爆发危机时，大家的目光会更聚焦，并且不那么宽容。你会感到非常孤独，突然之间，你的名誉、工作甚至职业前景都处于危机中。你在疫情或全球金融危机时享受到的“假定无罪”好处不存在了。相反，员工很可能会对你做出“有罪”的预设，而且对你细致入微的解释缺乏耐心，还会用可能不公平的方式来评价你，员工会将诱因归咎于你做事时没有实事求是。时间会被压缩，从而限制你的选择和行动自由。对于出现的问题，可能有一个连你自己都不太了解的原因，你需要时间来查找。

以下都是高频率出现的企业危机：富国银行（Wells Fargo）的众多员工在顾客未授权的情况下以顾客的名义开设银行账户并申请信用卡；波音公司失误导致 737 MAX 飞机坠毁；2010 年墨西哥湾“深水地平线”号钻井台（Deepwater Horizon）石油泄漏……每一个连续数月吸引媒体高度关注的丑闻和公司内部无数隐秘的危机，都会让领导者仿佛身处审讯室——被问题连番轰炸，并被要求快速作答。

领导者必须确保危机期间信息的准确性，但大多数领导者在处理内部危机时会犯最常见、最令人遗憾的错误。他们说一些他们不确定的事情，通常是为了把问题的严重性降到最低。在“深水地平线”号钻井台爆炸造成 11 名工人死亡后，英国石油公司 CEO 托尼·海沃德（Tony Hayward）一开始试图撇清公司与这场灾难的关系。海沃德在爆炸发生两周后说：“这不是我们公司造成的事故。因为这是 Transocean 公司的钻井台。他们的系统，他们的人，他们的设备。”又过了 11 天，每天有数万桶石油从海底喷出，海沃德说：“墨西哥湾是一个非常大的海湾。我们排入的石油和分散剂的体量与总水量相比微不足道。”实际上，该事故造成总共约 500 万加仑的石油泄漏，这是世界上最严重的石油意外泄漏事件。又过了 4 天，海沃德又说：“我认为这场事故对环境的影响可能非常非常小。”接下来，他继续表演了更多的丑态，包括在一次采访中，他居然说：“我们很抱歉，石油泄漏事件给当地居民的生活造成了巨大干扰，没有人比我更想结束这一切，我想回到正常生活中。”这些不当言行将加速海沃德的离职。

危机给像汤姆·斯特里克兰德（Tom Strickland）这样的人提供了稳定的工作，在作为律师、政治家和政府官员的漫长职业生涯中，他总是处于大量高风险危机的中心。例如，“深水地平线”号钻井台爆炸事件发生时，他是美国内政部长肯·萨拉查（Ken Salazar）的幕僚长。在斯特里克兰德的职业生涯早期，他即将宣誓就任科罗拉多州的新联邦检察官时，科伦拜恩高中的学生埃里克·哈里斯（Eric Harris）和迪伦·克莱博尔德（Dylan Klebold）杀害了12名学生和1名教师。所以斯特里克兰德上任的第一天就是在犯罪现场度过的，他与克林顿政府的总检察长珍妮特·雷诺（Janet Reno）在数百名记者面前举行了一场新闻发布会。

斯特里克兰德曾被请来担任总法律顾问，帮助处理联合健康（UnitedHealth）公司的股票期权回溯丑闻。他还在其他重大危机中担任顾问，包括因“滴血验癌”受到严重质疑而内爆的西拉诺斯（Theranos）公司事件、Target公司的数据泄露事件（该公司最初称影响了4 000万客户，后来又称影响了1.1亿客户）、科罗拉多大学被指控利用性和酒精招募高中运动员事件，以及范德比尔特大学4名橄榄球运动员强奸1名学生的案件。

现在，斯特里克兰德是WilmerHale律师事务所的合伙人，大部分时间都在为董事会和CEO提供处理危机的建议。他在人们面对危机的各种反应中看到了清晰的模式。他说："人们一次又一次地犯同样的错误，这真是令人吃惊。"

斯特里克兰德遇到的最常见的问题是否认。领导者不太相信在他们的监管下发生了坏事，于是他们开始"严防死守"，以此来保护自己和公司。然后他们一厢情愿地认为这些问题并不是什么大问题。但在这段时间里，只消一个错误言行，就会丧失领导者最宝贵的资源——信誉，而信誉一旦失去几乎是不可挽回的。斯特里克兰德说："人的本性就是这样，人们并非真的喜欢道歉或承担责任。这就是为什么对你知道的事情都要保持谦逊的态度。领导者在处理危机时犯的最大错误是，他们做的事超出了他们真正了解的范围。"

**领导者在处理危机时犯的最大错误是，**
**他们做的事超出了他们真正了解的范围。**

**汤姆·斯特里克兰德，WilmerHale 律师事务所合伙人**

在此基础上，我们的首要任务是弄清问题的根源，保持透明，与所有关键利益方沟通，如顾客、监管机构、员工、董事会和媒体等，并承诺采取行动，包括追究责任人，以确保类似危机不再发生。斯特里克兰德经常给处于危机中的领导者的建议是，接受事实本来的样子。他说:“到目前为止发生的任何事都是板上钉钉的。我们要找出问题的根源，如何处理这些问题才是你现在能做的。尽管问题可能令人不舒服，但你必须处理好。这就像去看医生一样，你不想听到坏消息，但不知道自己出了什么问题更糟糕。”

**这就像去看医生一样，你不想听到坏消息，**
**但不知道自己出了什么问题更糟糕。**

汤姆·斯特里克兰德，WilmerHale 律师事务所合伙人

在第 5 章中，我们讲述了在安进 Epogen 药物发生危机后，沙雷尔意识到他需要成为一个更好的倾听者，以及他会采取相应措施更好地应对来自远方的预警信号。这些事件为我们提供了危机管理的案例研究——管理不善使斯特里克兰德所描述的许多问题非常生动。

沙雷尔陷入了许多领导者在危机初期都会陷入的陷阱——否认。2007 年，沙雷尔担任安进 CEO 的第 7 年，一切似乎顺风顺水，安进作为领先的生物科技公司，市值超过了 1 000 亿美元。当安进被评为“年度最佳公司”时，沙雷尔出现在了《福布斯》杂志的封面上。他说:“我对自己和公司感觉良好。”Epogen 为公司的成功做出了重要贡献。这种药物主要用于透析，是一种经过基因工程改造的促红细胞生

成素。促红细胞生成素是肾脏中产生的一种蛋白质，可刺激人体产生载氧红细胞。它早在 15 年前就被批准上市了，已经被无数病人使用过，为安进带来数十亿美元的收入。安进的成功招来 FDA 的审查和竞争对手的批评，而沙雷尔将其视为可预见的“场外的唧唧声”。

但在 2007 年初，这些声音听起来更像是预警信号。在 FDA 的听证会上，一名 FDA 成员指责安进没有履行 9 年前做出的对 Epogen 进行某些后续测试的承诺。《纽约时报》头版刊登了一篇关于安进对 Epogen 和 Aranesp（一种用于癌症患者的类似药物）定价方法的报道，该报道称安进向开出这两种药物的医生支付丰厚酬金。根据丹麦一名科学家关于高剂量使用 Epogen 的影响的新研究，FDA 要求安进在药物包装上添加警告标签。《纽约时报》另一篇文章的前两段描述了有关安进的事：“直到最近，安进仍被认为是快速增长的生物技术行业中最成功的公司之一。现在，一些分析师把它比作一个行动迟缓、步履蹒跚的制药巨头，过于依赖老化的产品组合。安进遇到了一系列挫折，有些是意料之外的，有些可能是它自己造成的，这些构成了安进在 27 年辉煌历史中最大的挑战。”

安进及其产品的信誉岌岌可危，可能会导致数十亿美元的损失，拒不承认已不再是一个好选择。沙雷尔克服了他的防御心理，向董事会做了全面汇报，并成立了一个特别小组帮助公司重新控制事态发展。他告诉大家：“我们必须行动起来。安进是一家以科学为基础的公司，但事情并不总如我们所愿。”

尽管沙雷尔向团队明确表示，公司正处于危机之中，但并不是所有人都同意他的观点，他们认为媒体的严厉报道很快会成为旧新闻，丹麦科学家研究得出的危险性是基于高得不切实际的剂量水平，FDA也只是在例行地虚张声势。安进的科研人员认为，这种审视是对他们信誉的侮辱，科学的语言正在因政治原因而被曲解。公司内部也开始相互责难，科研人员和销售人员就出现的问题互相指责。

那段时间，沙雷尔处于人生低谷，他意识到他必须对安进的问题负责，不能再把处理当前危机的工作推给他的团队。他说："真正的顿悟时刻是我意识到发生了什么，然后我对自己说，沙雷尔，你真的有问题了。你没有处理好危机，你责怪了一堆其他人，而问题核心是你自己，你还没有充分投入。当你没有提出真正尖锐的问题时，你就接受了所有的好结果。你没有做到客观。"

于是，沙雷尔不再质疑事实，只质疑自己的处理方式是否正确。尽管安进可以对FDA是否反应过度进行科学论证，但沙雷尔意识到想要改变FDA的想法几乎没有希望。他决定，从当下开始全力配合FDA。他明白销售下滑将给公司带来不可避免的财务打击，所以他亲自与公司的每一位大股东会面，讨论可能带来的影响。他宣布了公司历史上首次大规模裁员，并采取了其他措施来降低安进的运营成本。他与那些直接与FDA打交道的员工会面，以更好地理解矛盾点所在；他又与运营部门的员工会面，以建立他自己的模型来预测公司未来的财务状况；他还与销售人员会面，听取他们从医生那里得到的反馈。

沙雷尔常对投资者和员工说:“走出困境后，我们会比陷入困境时更强大。”

也许问题的关键在于安进将如何处理与 FDA 的关系。安进组建了一个团队，负责管理公司与 FDA 的关系，确保 FDA 提出任何问题时都有更多机会接触安进领导层。事后看来，安进的问题根源是科学上的盲目自大，即安进认为他们与其他制药公司不同，他们比 FDA 知道得多。沙雷尔回忆道:“我们没有像对待机动车管理局那样，把 FDA 视为必须容忍的部门，而是做出了心态上的调整，确保我们在与 FDA 打交道时都带着真正的制度上的尊重。这些人都是好人，他们的工作非常艰难，他们代表着美国人民。我们必须接受现实。”

## 成功度过危机的 5 大原则

领导公司度过危机的方法并没有特别复杂，但当你处于危机之中，要将它付诸实践就比较困难了。就像在飓风中驾驶一艘小船，你试图回忆起一些航海的基本知识从而将船倾覆的风险降到最低，然后你会发现实操难度很大。在那些不知所措的时刻，你几乎没有犯错的空间，一旦出现失误，你很难快速调整过来。在咨询工作中，沙雷尔偶尔会接到客户电话，他们突然发现自己陷入了一场“风暴”，因此寻求帮助。沙雷尔会向他们介绍成功度过危机的 5 大原则。

第一，了解事实。在某些情况下，确定危机的确切原因可能相当困难。事实可能很难被找到，甚至更难被理解。你要和那些最了解情况的人交谈，而不要跟他们的上级领导谈。在你团队的参与下，尽早提出一个假设，关于发生了什么和为什么，然后随着更多事实浮出水面，你再不断修订假设。战胜自己试图否定和一厢情愿的强烈情绪，关注已知和未知的事情。

第二，尽快行动。谁会在短期或长期受到危机影响？你能立即采取什么措施来减轻危机的影响或照顾那些受影响的人？谁需要立即知道情况的进展？你在危机现场出现是有益的还是必要的？了解社交媒体和其他平台上出现的关于公司危机的描述。

第三，广泛交流。准确性是至关重要的。永远不要谈论你不确定的事情。对你目前所知道的事保持谦逊和开放态度，并承诺会了解更多，当新的事实出现时就把它们分享出去。让你的团队以及公司内更多的同事与董事会建立危机共识。接触关键利益方，包括股东、监管机构和顾客。

第四，解决根源问题。处理好危机，就是时候关注导致危机的根源问题了。通常，问题并非源于单一事件或错误，而是一连串的疏漏，或是那些关于“何为重要”的微妙文化信号所导致的。检查现有的管理流程，找出在公司中什么问题是被鼓励或容忍的，然后做出必要改变，这样至少在较长一段时间里，你能避免重蹈覆辙。

第五，保持冷静与自信。危机看起来像是对你个人声誉的直接打击，是对你在危机前出色工作的否定。你会觉得自己好像被拖进了一个没有窗户的小黑屋，老板和关键利益方都要求你做出回答，他们怀疑你说的每一句话。你可能会寻求帮助，然后会听到相互矛盾的建议，这加剧了你的孤独感。但你必须保持冷静，专注事实，带着自信和谦逊向前迈进。

可以说，危机是对领导力的残酷试炼，很多高管无法挺过危机，公司中的任何弱点都会在危机中被暴露和放大。你处理危机的能力直接取决于你面对危机时的领导方式，以及你作为一个值得信赖的领导者的声誉。员工对你的信任不可避免地会被危机侵蚀甚至破坏。但是要知道，如果你能妥善处理好危机，你和你的公司将会更加强大。

THE CEO TEST 卓越领导力修炼秘籍

## 成功度过危机的 5 大原则

- **了解事实。**直接与知情人沟通，形成对危机的假设和理解并根据新信息不断更新。
- **尽快行动。**迅速识别并减轻危机对各方的影响，及时通报进展，确保必要的现场响应。
- **广泛交流。**在保持信息准确性的同时，与所有关键利益方进行开放和坦诚的沟通。
- **解决根源问题。**在处理好危机后，深入探究并解决导致危机的根源问题，避免未来重蹈覆辙。
- **保持冷静与自信。**在危机中保持冷静，以自信和谦逊的态度面对挑战，维护团队和公司的信心。

# THE CEO TEST

## 试炼 7

## 你能修炼出领导者的心理素质吗

**伟大的领导者都是悖论大师。**

妮基·莱昂达基斯（Niki Leondakis）是一名酒店业的资深 CEO，她在大学时就开始管理员工，当时她在美国马萨诸塞大学附近一家名为 Hungry U 的餐厅工作，一路从服务员晋升为轮班主管。她很认真地对待这份工作，但在这份工作以及大学毕业后的第一份管理工作中，她犯了许多年轻领导者常犯的错误——对下属过于友好，没有与团队保持适当界限和必要距离。她说："我认为管理层和员工属于两个阵营，很少有人第一次当主管或老板就能确切地知道精确的平衡点在哪里。无论是我自己，还是我见过的所有年轻领导者，大家似乎都倾向于钟摆的一端或另一端：要么对权力过于狂热；要么想当员工的朋友，希望员工喜欢自己（如果他们喜欢我，也许他们会按我说的做，然后事情就会容易些）。"

当莱昂达基斯在职业生涯中开始取得进展时，她采用了一种更严格、更权威的风格，她看到许多男性都采用这种风格，以为他们的方式正是成功领导力的表现。她回忆说："那是在 20 世纪 80 年代初，当时我们都认为，作为女性要想获得成功或被平等对待，你就得像男人一样穿着，像男人一样行动，让人们知道你意志坚定，能够做出艰难而果断的决定。”但有那么一刻，她意识到自己确实把钟摆摆得太偏了。她不得不惩罚团队中她喜欢且佩服的一个员工。莱昂达基斯的老板看得出来，她正在为如何进行这次交谈而苦恼。老板给她的建议是，挖掘你是谁，并带着同理心与对方共事。

莱昂达基斯说：“老板的建议让我恍然大悟。我一直以为，展现出了坚定、果断以及所有我认为自己应该表现出的特质，就意味着我不能展现出同理心。对我来说，这是一种不同的体验，我能同时带着同理心和责任感与对方共事。从那一刻起，我意识到我可以在做自己、富有同理心和让他人承担起责任之间找到平衡点，它们并不互斥。回想起来，我花了整整 10 年的时间才真正找到了自己的中心，学会了如何忠于自己的价值观。”

**我花了整整 10 年的时间才真正找到了自己的中心，**
**学会了如何忠于自己的价值观。**

——

**妮基·莱昂达基斯，CorePower Yoga 公司 CEO**

## 优秀的领导者应该知道自己是谁

要成为一名高效领导者，就要加入我们在前几章中探索过的漫长而陡峭的学习曲线——学习如何制定一份简明战略规划，建设企业文化和高效的团队，引领转型，创建倾听生态系统，以及应对危机。通过亲身经历、对高管的指导以及对数百名领导者的采访，我们逐渐认识到，这些试炼是决定领导者成败的关键。到目前为止，我们的重点一直是领导者必须做什么才能卓有成效，在最后一章，我们将把重点转移到领导力的内心博弈和领导者必须是怎样的人上。把握好这一点，并且找到莱昂达基斯和许多其他领导者提过的平衡点，你就会在所有挑战中变得更加高效。如果做错了，并不一定会让你偏离领导轨道，但它会让你在精神和身体上付出更高代价，并影响到你生活的其他方面。是否能修炼出领导者的心理素质，是决定领导者成败的又一关键试炼。

许多人不愿意承认，领导他人是件极其困难的事。面对千变万化的实际问题，领导者理所当然地会认准一种方法并告诉自己："我已经形成了自己的领导风格，其他人需要适应它。"但是，任何采用蛮横霸道、我行我素的领导风格走上领导岗位的人，很快会因为世界没有屈从于他们的意愿而感到沮丧。因为他们在自相矛盾的领导过程中缺乏安全感，所以他们会强化自己的方法，成为人人都讨厌的糟糕的领导者。他们不倾听也不关心，对任何没能给他们想要的东西的人都很暴躁。这些领导者使用的方法可能在某些情况下有效，但大多数情况下，他们会很快失去最优秀的员工。

也有一些领导者看起来异常清醒、冷静和自信。这并不是因为他们认为自己无所不知，恰恰相反，他们往往是第一个承认自己不知道的人。但是当他们阐述自己的领导方法和分享学到的经验教训时，我们发现，他们就像莱昂达基斯一样，花了很多年通过不同的方法来找到一个平衡点，从而解决领导力的核心问题，这让他们理解了作为一个领导者究竟意味着什么。

詹姆斯·哈克特（James Hackett）在 39 岁时成为办公家具公司 Steelcase 的 CEO，由此开始了他将近 20 年的 CEO 生涯。在此期间，他因扭转企业文化和及早指出从小隔间向更开放办公环境转变的趋势而广受赞誉。在成为 CEO 后不久，他被介绍给比尔·马里奥特（Bill Marriott），后者担任万豪国际集团 CEO 长达 40 年。

后来，哈克特掌管福特汽车公司 3 年，他回忆道："当我们谈论公司战略时，马里奥特的眼神给我留下了深刻印象。那一刻我明白了，他知道自己是谁。我也想成为具备这种品质的领导者，即真正清楚地知道'我是谁''我代表什么'。在回家的飞机上，我看着窗外。关于 CEO 的涵义，我已经思索了六七个月。CEO 应当是什么样，应当像什么，应当具备什么品质？从马里奥特的眼神中，我明白了必须做自己。"

哈克特说："由于我们的业务是销售办公家具，我几乎遇到过所有经营大公司的 CEO。那些令我印象深刻、几乎没有任何包装的 CEO，都有一种平和感、一种自我意识，好像在诉说'我知道我是谁'。"

**那些令我印象深刻、几乎没有任何包装的 CEO，都有一种平和感、一种自我意识，好像在诉说"我知道我是谁"。**

——

**詹姆斯·哈克特，福特汽车公司前总裁兼 CEO**

## 将领导力视为一系列矛盾体

怎样才能拥有那种平和感和自我意识呢？当然自身经验是最好的老师。但我们撰写本书的目的正是与你分享数百位领导者来之不易的经验教训和见解，这样比靠自己经历来得更快、走得更远。

要掌握领导力的内心博弈，我们首先要将领导力视为一系列矛盾体。此前我们已经提到了一些，在这里，我们将讨论另外一些。比如，有一个专家敦促你"身先士卒"，就有另一个专家让你"后退一步"。或者，自信是领导力的关键，永远要让自己看起来毫不费力，除非在你应当脆弱的时候。同时，有一些人认为，新上任时，领导者应该迅速做出决定以显示决断力和影响力；另一些人认为领导者要有耐心，以便更好地倾听，真正理解问题的根源。正如我们前面提到的，危险来自盲目地遵循任何事都“一刀切”。你需要明白，**领导力中最棘手的部分，是由它自相矛盾的特性造成的。是这个还是那个？答案通常是两者皆可。我们需要做的是，根据情况的微妙不同，采取合适的方式。**每一次一对一的互动，每一次团队会议，都需要根据当时的情况采取相应的方式——向前推进还是向后撤退，要求还是理解，表现得极其乐观还是承认挑战严峻。在某种意义上，这样的时刻就像滑雪一样，你必须把握平衡点，根据条件和地形不断调整身体向不同方向倾斜。

2014 年初，萨蒂亚·纳德拉被任命为微软的 CEO，他首先面临的就是平衡问题。他是在微软工作了 22 年的“局内人”，受命引领转型。董事会需要他与过去划清界限，特别是与所有阻碍企业转型的人划清界限。这些人使微软发展缓慢、孤立无援，拖累了微软股票十几年。然而，在为包括微软两位前 CEO 比尔·盖茨和史蒂夫·鲍尔默（Steve Ballmer）在内的董事会工作时，纳德拉必须发出公司需要一个新开始的信号，必须解决那些由老领导参与制造的问题。他能在尊重过去的同时，为公司转型据理力争吗？

事实证明，纳德拉在应对这种挑战方面很有技巧。成为 CEO 后的第一次全体员工大会上，在盖茨和鲍尔默的注视下，纳德拉用他的

第一句话阐明了重点："我们的行业不尊重传统，它尊重的是创新。"为了挖掘微软的创新历史，纳德拉请求盖茨花更多时间担任技术顾问。纳德拉在上任的第一个月强调只有盖茨能让公司的每个人都充满活力，发挥出最好的水平。从那时起，微软开始稳步向万亿美元估值迈进，其股价从每股 38 美元攀升至本文撰写时的 200 多美元。纳德拉是为数不多的成功 CEO，迪士尼的罗伯特·艾格也是，他们向我们展示了既作为公司的"局内人"又作为公司的转型引领者是行得通的。

在前面几章中，我们已经提到了一些关于领导力的悖论，包括即使正在优化今天的经营方式，你也需要故意打乱一些地方为明天做准备。以下还有另外几个悖论，它们是领导力的标志，你必须掌握它们，从而提高你做出正确决策的概率并且有效地领导那些依赖你的人。

## 自信与谦逊

作为一个领导者，你必须有一个清晰的愿景，因为公司和所有利益方需要你来激发信心，而自信的最佳表达是真实可信，这源于良好的判断力和对他人的信任。然而，自信不能变成傲慢，你必须同时保持谦逊，即向你的团队承认任何雄心勃勃的努力都困难重重，并且有风险和失败的可能性。

Ariel Investments 公司的创始人兼联席 CEO 小约翰 · W. 罗杰斯（John W. Rogers Jr）说："有一个问题，人们总是过于乐观，过度自信。你需要成为适当谦逊、能够阐明自己错误的人，而不是让人觉得你无所不知。你需要的是那些对自己的优缺点以及公司的优缺点都持开放和诚实态度的人，而不是总戴有色眼镜看待一切的人。"

## 紧迫感与耐心

懂得这一悖论的领导者在运用它们时，会在"现在、很快和将来"之间达成平衡。这需要不断地调整并接受一个事实：第一天你做对了，但第二天可能就做错了。也就是说即使你作为领导者正在承受着快速实现某些目标的压力，你也要意识到放慢节奏的必要性，通过分享事情的背景和基本原理来带领员工，并确保适当的流程和资源到位。然而，如果你们动作太慢，竞争对手就会从你身边冲过去。

零售咨询公司 Daymon Worldwide 前 CEO 卡拉 · 库珀（Carla Cooper）说："在你职业生涯的某个时刻，你的长处可能会成为你的弱点。我一直认可这样的想法，即通过他人完成工作，想办法为同事提供建议以便他们能够自我激励，但这需要大量的时间和耐心。于是，在告诉团队该做什么时，我的耐心有时会被认为是不够积极或没有魄力。因此，在努力做到保持耐心的同时，我也会让大家有紧迫感，我会对团队讲清楚，这是我们要去的地方，这是我需要你们做的事，这是我需要你们做这些事的原因。总结起来就是一句话——平衡就是魔力所在。"

## 同情心与高要求

领导者如果对下属的工作设定高要求，那么这些要求必须与同情心、“理解团队是由人组成的”这些意识相平衡。当员工更像是志愿者而不是雇佣兵时，他们就能把工作做到最好。每个人在生活中都在为一些事情而挣扎——父母生病、孩子在学校遇到困难、婚姻关系紧张等。有时候，理解和感激比关于完成下个季度目标的艰难对话更重要。同情不是软弱，而是要承认我们都是人。对于领导者来说，这里的微妙平衡是知道什么时候该推一把，什么时候该展现同理心。

保德信金融集团（Prudential Financial）首席人力资源官吕西安·阿尔齐亚里（Lucien Alziari）在向团队提供反馈时捕捉到了这种悖论的高妙。阿尔齐亚里说：“我会直截了当地告诉他们，我是在严厉的爱中长大的，你们也将经历严厉的爱。要认识到这句话的两面性，如果你只是感到在经历苦难，那么你就只看到了月亮的暗面。你要知道，我在为你着想，我这么做的唯一原因是我相信你，我希望你比现在更好。”

## 乐观与务实

领导者被期望始终乐观，为员工和公司制定雄心勃勃的目标带来能量、热情和激情。但乐观要与务实相平衡。领导者的平衡之道是既要分担风险，制订应急计划，让所有人高度警惕计划可能不会如预期那样执行，也要为成功搭建一个广阔的平台。面对业务挑战，你应该对员工做到多么透明？你应该让员工充满热情地专注长期目标，如果你分享太多负面信息，员工可能会想他们应该另找一份工作了。同时，你的员工也不应该被坏消息蒙蔽，与他们分享公司正面对的问题等于是邀请他们来帮忙。最好的方法是让员工知道公司正面对的大问题并告诉他们解决这些问题的战略规划，不能让问题压垮他们。

信息技术公司 Appirio 的前 CEO 克里斯・巴尔宾（Chris Barbin）说："我认为很多领导者都不擅长做到真正的透明。透明意味着，如果事情在财务上进展不顺利，你可以直截了当地说出来。团队摆脱困境或消极环境的唯一方法就是保持透明。如果前面是红灯，就叫它红灯，不要叫它黄灯或绿灯，然后让每个员工都朝着新目标前进。开放、诚实和分享一切的好处要比隐藏和掩盖一切的坏处多得多。最重要的好处是你建立起了一定程度的信任、尊重和支持。认为所有的事情都是完美的，在所有的时间对所有人有利，这样的想法是不正确的。在商界，有太多的愉快谈话，但在下一个季度的第一天，裁员和削减开支就会到来，这会造成一种'鞭打效应'，让你和员工之间建立的信任、尊重和忠诚顷刻覆灭。"

## "观天气"与"定士气"

正如我们在第 5 章中所讨论的，成功的领导者建立了一套"倾听生态系统"，以了解公司中各个层级的员工在想什么、说什么。这是一种在公司范围内解读氛围的技能，即能够从身体语言给出的非语言线索中感知微妙的情绪。领导者需要能够在会议中、在走廊上或在参观商店和工厂车间时感知情绪，就像“观天气”一样。然而，领导者也必须认识到，他们在“定士气”方面发挥着巨大作用，因为他们通过身体语言和自身的能量、激情为公司氛围确定了基调。

例如，雅典娜安全公司（Athena Security）的 CEO 丽莎·法尔宗（Lisa Falzone）认识到必须关注员工士气，但不能让士气牵着鼻子走。

法尔宗说：“你必须始终专注于你的愿景和试图实现的目标，因为如果你太过专注当下发生的事情，很容易偏离自己的轨道。在你的员工面前，你总是希望保持镇静。但他们能看出来你是否有压力，从而受到影响。所以，如果我感到有压力，我要么尽量不让我的员工看到，要么就去办公室工作一会儿。一开始，我并没有意识到这一点，但实际上，作为领导者，你是一切的根源。”

**在你的员工面前，你总是希望保持镇静。**
**但他们能看出来你是否有压力，从而受到影响。**

——

**丽莎·法尔宗，雅典娜安全公司 CEO**

## 创造力与合规

领导者的具体工作性质将影响这一悖论的平衡。在某些领域，如运行核电站和进行外科手术，几乎没有出错的余地，因此这些行业必然更注重规范而非自由，更重要的是安全与合规，而不是创造力和即兴发挥。而在其他领域，如广告或影视业，对创造力需求更多，新创意需要一定程度的混乱才能出现。在大公司中，可能两者兼而有之，大多数制造部门属于流程驱动型，营销部门则需要更多创意。对领导者来说，这意味着允许一定量的看起来无用的工作，让员工走弯路，进到死胡同里，进行看似没有成效的头脑风暴。领导者的挑战在于，他们需要知道什么时候让对话展开，什么时候介入，重新引导讨论。

Discovery 的前全球内容总裁马乔里·卡普兰（Marjorie Kaplan）说："公司有一种自我审查的倾向，在向前发展并做出决策时提升了对混乱的容忍度，我认为这是创造力所需要的。你不希望公司一直混乱无序，但也不可能希望公司一直井井有条。真正的创造力来自容忍困惑的能力，并能够在正确的时刻做出决定，然后以结构化的规范制度推进这个决定。我自己对混乱的容忍力越来越强。创造力是可怕的、混乱的。你很难从正在做的事情中得到一个改变游戏规则的大创意，通常你只会更好一点儿。你必须找到一种方法让员工有空间去尝试那些看起来没有任何意义的想法，让某些员工在一段时间内陷入混乱，因为这就是他们成长的过程，然后再决定什么时候把他们拉回来。"

## 领导者应对压力的 5 大方法

现在我们来看最后一个悖论：最优秀的领导者都是无私的，即领导者不着眼于追求个人利益，而是致力于为其所领导的人和团队做些什么；然而，如果你渴望成为那种无私的领导者，那么你必须先学会照顾好自己，否则，你的体力和精力都会受到损害，这将限制你帮助他人的能力。

因此，请尝试回答以下问题：你如何应对你的自负？领导者可能会自我膨胀，如何确保自己不会变得过于自信，用令人反感的方式与人交流？你如何处理无尽的需求、人们的厚望带来的压力，以及你的决策带来的后果？当你的内心动荡不安时，你如何在表面上保持冷静？你从哪来的精力，让你在连续几天与对你抱有很高期望值的不同团队的会议中表现出最好的一面？你如何为自己留出时间，让自己将当下的要求和压力暂放一边，放眼未来？你如何在思想文化方面滋养自己，让自己拥有灵感，从而更好地激励他人？你怎样才能找到一个除了想帮助你之外没有其他目的的人，一个可以信任的、与你的想法产生共鸣的人，一个只愿意听你表达的人？你如何保证自己的健康？

虽然这些压力对 CEO 来说尤其大，但每一位管理者都在一定程度上经历过这些压力。以下是一些管理者应对这些问题的方法。

## 承认压力

领导者可能陷入否认工作压力的陷阱。他们对自己说:“我一直在应对压力。我喜欢压力。我把压力当午餐吃。”或者他们的回答是“这是工作的一部分,我对此无能为力”,就好像他们只是在一次危险的漂流中试图避免翻船一样。或者他们会推迟一些工作来自我恢复。他们告诉自己:“我以后再处理这些事情。这不会持续太久。我会去度假一个星期,一切都会好起来的。”

然而,这些方法都不起作用,因为压力是累积的。压力不是在那一刻经历过就会消失,即使事情进展顺利,压力也会相互叠加。现在,再加上工作中不可避免的大大小小的“火灾”,这些“火灾”必须被扑灭。在理想情况下,工作上的压力可以被家庭的温馨所平衡,但这似乎从未发生过。相反,工作和生活变得完全不平衡,工作和家庭同时紧张。天长日久,所有这些压力开始消耗你的情感和身体,削弱你的韧性。你的最大期望可能是每天带着最好的自己去上班,然而你所面临的压力与这一目标背道而驰,就像一辆车油箱油位很低,点不着火,刹车还失灵了。在这样的情况下,工作虽然有进展,但也是缓慢的。

埃森哲咨询公司前 CEO 威廉·D. 格林(William D. Green)说:“你肩上背负的责任之重令人难以置信。这并不是说你是一个殉道者,这一切只是随之而来的。这里每时每刻都在发生着一些事,你对所有员工和他们的家庭负有强烈的责任感。我喜欢承担责任，但我不太了解精神上的责任。对这么多人担负起精神义务是一份很大的责任。早年我是一个难以对自己的生活负责的人，而现在有成千上万的人仰望着我。对我来说，这确实需要一点时间来适应。”

---

**你肩上背负的责任之重令人难以置信。**

——

**威廉·D. 格林，埃森哲咨询公司前 CEO**

---

## 自我克制

随着职位晋升，身份特质会越来越多。自我膨胀的一个常见迹象是，当领导者，即使是小团队的领导者，也会开始在谈话中使用“我的员工”这个词，或者用“我”而不是“我们”来指代公司，领导者开始认为，公司能够成功他们功不可没。公司往往会在 CEO 身边安排大量的人手来辅助他们，尽量满足他们的每一个需求。同时，在行业会议上发言的邀请如潮水般涌来，领导者成为公司的代言人，企业和他们身份之间的界限模糊了。对那些比较容易自我膨胀的领导者来说，这些信号能使他们自我膨胀到像感恩节大游行上的气球那么大。这会让他们过度自信，变得难以接近，用傲慢的方式与人交流，以至于员工不想听他们说话。

领导者想要对抗这些倾向需要与一两个值得信任的同事建立关系，他们可以在你处理问题没达预期时直言相告。对 CEO 而言，这个人可能是首席人力资源官，他们更能关注到公司的整体发展的健康和效率。对沙雷尔来说，这个值得信赖的伙伴是布莱恩·麦克纳米，麦克纳米偶尔会走进沙雷尔的办公室，关上门给他的老板提供一些反馈，他通常是这样开头的：“你的高速球又失控了。”

对于 A+E Networks 公司的前 CEO 阿贝·雷文来说，她的策略是避开高管的“与世隔绝”。她说：“有许多高管只乘坐私人飞机旅行，辗转于办公室、家和酒店，并没有真正体验这个世界。我每天都坐火车来。我观察人们读什么、看什么、用什么设备。我去购物，我在店里买牛奶，我看电视。你不仅要与你的员工保持联系，还要与你的客户和受众保持联系，了解他们喜欢什么，不想要什么。你要在现场，不要让自己被困在办公室里。你需要融入这个世界，这世界里不只有其他高管。”

## 专注少数可实现的目标

领导者除了在时间上面临海量的要求，还面临着设定远大目标的压力。这些远大目标本应激励每个员工尽其所能，但也可能适得其反。如果目标太过遥不可及，你的团队就会失去动力，他们会担心达不到预期。最好是制定少数可实现的目标，在过于容易和过于艰巨之间找到一个平衡点。云安全公司 Ping Identity 的 CEO 安德烈·杜兰德

（Andre Durand）说：“胜出的可能性越大，你往往会越努力。在设定目标时，你必须谨慎，深思熟虑。你不希望它们像大灌篮一样触手可及，但你也不希望它们遥不可及。目标需要在可实现的范围内。即使你没有把每一步都弄清楚，但你坚信你们的资源、人才和目标是匹配的，所有这些都是一致的。”

对于你如何花费时间进行“元工作”，你必须加以分析从而确保能全神贯注地执行你和团队制定的简明战略规划。Teach For America的创始人温迪·科普（Wendy Kopp）说：“我的时间管理策略是每星期花1小时反思自己的总体战略计划，我需要做什么才能把我的优先事项向前推进？然后我每天花10分钟思考，基于这星期的优先事项，我该如何安排我的明天？我沉醉在我的时间管理策略中，世界的运转似乎在变得越来越快，你必须弄清楚如何积极推动事情发展，而不是完全被动应对。”

## 试着让自己可有可无

当工作变成一种“铁人比赛”时，公司中可能涌现出一种常见的拼搏现象，领导者可以吹嘘的东西变成更早开工、更晚下班，甚至是放弃一部分假期来处理危机。在一定程度上，这样的现象是可以理解的，因为毅力是成功担任领导者的重要组成部分。但它可能会成为一种身份特质，传递出一些微妙信息：“公司的成功与我息息相关，我不能把这项关键工作委派给其他人。如果不是我亲自负责，我们就有麻烦了。”

新进入管理层的领导者很难转变这种心态，因为他们现在的工作是通过他人来取得成功的。但领导者需要努力让自己变得“多余”，而不是被认为像空气和水一样对企业不可或缺。投资公司 Revolution 的 CEO 史蒂夫·凯斯（Steve Case）是美国在线（AOL）的联合创始人之一。他说：“在我职业生涯的早期，我认为领导者的外在很重要，让别人觉得你在努力工作很重要。但领导艺术其实是试图设定优先次序，组建一个团队，这样你早上醒来时就真的无事可做了。这几乎是不可能实现的，但拥有正确的优先级和优秀的团队是一个很好的目标，这样员工就可以执行这些优先级。你的目标不应该是看起来很忙，而应该是创建一个流程，让伟大的事情在你可有可无的情况下发生。”

## 自我充电

我们都知道自己处于最佳状态时是什么样子的，但生活和工作的压力会让这种状态很难像我们希望的那样持续出现。保持最佳状态，需要你在时间表中安排体育锻炼来保持身体健康，这样它就成为你日常生活的一部分。不过锻炼只是缓冲之一，防止你的工作变得过于耗费精力。你还需要抽出时间来参加那些能让你自我更新和为你带来灵感的活动，无论是自然、艺术、电影还是心灵修炼领域的活动。这是“建设性自私”，你可以知道你想要什么和你需要什么，恢复你的情绪弹性，从而承担起工作职责。这意味着你要花时间和家人在一起，和老朋友保持联系，这样你就可以提醒自己，工作是你生活的一部分，而不是你生活的全部。工作中总会有一些紧急的事情把这些优先级推到一边，你必须做出平衡，保证自己“充满电”。

当你的“电池”充满之后，你将能更多地帮助他人，也能以全新的眼光看待自己的挑战，发现新的可能性，重新认清什么是最重要的以及为什么重要。你也会有足够的情感空间和时间来反思自己需要做些什么来增强自我意识，以及如何成长为一名合格的领导者。资深CEO 米歇尔·佩鲁索（Michelle Peluso）现在是 IBM 数字销售高级副总裁兼首席营销官，她说：“从个人领导力的角度来看，我认为时钟每天早上都会重置。每天晚上当我上床睡觉时，我都会想我本可以做得更好的事情。例如，我本可以更有同情心，本可以对那个项目了解得更清楚，本可以更好地倾听。这就是领导力的魅力，要靠你每日反思精进才能获得，就像时钟每天都重置一样。你总有机会为你的团队表现得更好。”

**这就是领导力的魅力，要靠你每日反思精进**
**才能获得，就像时钟每天都重置一样。**

——

**米歇尔·佩鲁索，IBM 首席营销官**

## 每个人都可以成为高效领导者

领导者角色对生活影响严重，尤其是高管，我们会思考这一切都值得吗？的确，这些职位带来了经济回报，但它们值得你承受这些压力吗？这就是为什么掌握领导者的内心博弈变得如此重要，包括掌握所有悖论，以及为了无私而“建设性自私”。如果你成功了，那么你将能够享受作为领导者的持久回报，包括从事需要“最好的自己”才能担当的重要工作，了解你擅长的能力（通常比你想象的要多）。你会获得更广泛的经验，以及不断学习的机会。你会对社会做出一些贡献，你有能力激发别人最好的一面。2018 年去世的杜克能源公司（Duke Energy）前 CEO 吉姆·罗杰斯（Jim Rogers）说：“随着时间的推移，我真的磨炼了自己倾听和理解每个人的能力，并帮助他们围绕自己的能力构建一个故事，一个发挥他们优势的开放式故事。我在公司中发现的最大问题是，员工往往对自己和自己能力的认知有限。而我对他们的要求之一就是让他们挑战各种可能性。我相信，在合适的环境下，任何人几乎能做任何事。”

**我相信，在合适的环境下，任何人几乎能做任何事。**

**吉姆·罗杰斯，杜克能源公司前 CEO**

实际上，你不需要成为 CEO 才能对他人产生这样的影响。虽然我们把这本书命名为 *The CEO Test*，原因我们在前言中已经阐述过了，但我们相信，通过了解 CEO 如何应对他们所面临的最关键挑战，每个人都可以成为更高效的领导者，无论他们的头衔是什么。如果你正在阅读这本书，我们知道你渴望成为一名更好的领导者，取得更多成就，乃至有一天成为 CEO。如果一切顺利，这可能会发生，但许多因素是你无法控制的，如运气、时机和人与人之间的机缘，这些可能会阻碍你达成目标。你能掌控的是你将如何领导他人。这取决于你的选择，而不是别人的选择。在你揽镜自照时，你会如何回答以下问题：

- 你的价值观之基石是什么？无论面临什么样的挑战，你是否都不会妥协？
- 你是将下属视为帮助你实现目标的资产，还是力求帮助他们解锁自身忽略的技能和才能？
- 你能接受作为领导者要面对的所有要求和悖论吗？你能意识到自己必须极有自知之明，并把成长视为一生的功课吗？
- 你是否愿意为结果承担全部责任，总是努力改进，而不是在你没有达到目标时本能地责怪别人？
- 你明白信任是非此即彼的吗？人们要么信任你，要么不信任你，这取决于你每时每刻的表现。

- 你有勇气和智慧做出艰难且不受欢迎的决定吗？
- 如果员工可以选择他们的领导，他们会选择你吗？如果会，为什么？
- 你是否明白，尽管领导者越往上走越受关注，但这些光环其实与你无关？

这是对 CEO 的最后一项试炼，它将决定你是否能成为你想成为的领导者，而成功的条件只有你自己能设定。

THE CEO TEST　卓越领导力修炼秘籍

## 领导者心理素质的 3 个特质

- **深刻的自我认知。**深入了解自己的价值观、优势、弱点和激情所在，建立卓有成效的领导风格。
- **视领导力为平衡矛盾的艺术。**明白矛盾是领导力的一部分，在紧迫感与耐心、同情心与高要求、乐观与务实这些看似对立的特质之间找到平衡，做出恰当的判断和行动。
- **科学地管理压力。**通过承认压力、自我克制、专注少数可实现的目标、试着让自己可有可无和自我充电等策略，有效管理压力，以在面对挑战时保持冷静和理性。

# 参考文献

## 试炼 1

"Our History," McDonald's, accessed September 25, 2020.

"Our Path Forward," *New York Times*.

## 试炼 2

Josh Condon, "Watch Uber CEO Travis Kalanick Be a Massive Dick to His Uber Driver," *The Drive*, February 28, 2017.

## 试炼 6

Dennis Schaal, “Marriott CEO Sorenson Details Crisis Contingency Plans in Emotional Address,” Yahoo, March 19, 2020.

Richard Wray, “Deepwater Horizon Oil Spill: BP Gaffes in Full,” *The Guardian*, July 27, 2010.

Andrew Pollack, “Amgen Seeks to Reverse Its Bad News,” *New York Times*, April 17, 2007.

## 试炼 7

Satya Nadella, *Hit Refresh: The Quest to Rediscover Microsoft's Soul and Imagine a Better Future for Everyone* (New York: Harper Business, 2017).

THE CEO TEST

# 致谢

2018 年，我们在纽约的一次早餐上进行了长谈，其间萌生了撰写这本书的想法，在此，我们深深地感谢在我们将这些早期想法变成一本书的漫长过程中帮助过我们的所有人。

我们的经纪人克里斯蒂·弗莱彻（Christy Fletcher）在一开始就为我们提供了重要的指导，帮助我们完善思路，使写作提案更加清晰。与此同时，我们非常感谢《哈佛商业评论》出版社的整个团队，感谢他们在合作全程中每个阶段体现出的前瞻性的关注、支持和专业精神。阿迪·伊格内修斯（Adi Ignatius）、梅琳达·梅里诺（Melinda Merino）和斯科特·贝林纳托组成了强大的团队。其中，贝林纳托娴熟的编辑技巧使本书更有力度。感谢本书初稿的读者罗恩·班克罗夫特（Ron Bancroft）、珍妮塔·布赖恩特（Jeanetta Bryant）、彼得·切宁（Peter Chernin）、希瑟·德罗斯（Heather DeRoos）、德克·德罗斯（Dirk DeRoos）、彼得·多兰（Peter Dolan）、凯蒂·多兰（Katie Dolan）、哈利·福尔斯坦、吉姆·麦克纳尼（Jim McNerney）、大卫·雷蒙和卡罗尔·沙雷尔（Carol Sharer）为我们提供了中肯的反馈，帮助我们巩固了关键章节的写作方法。

多年来，还有其他许多人对我们产生了重要影响，帮助我们形成对如何成为一名高效领导者的思考。

我要感谢 Merryck 的每一个人，特别是雷蒙和福尔斯坦，感谢他们分享了关于领导力、企业文化和转型的微妙差别，以及如何建立有效团队的智慧。感谢现在担任 Merryck 导师的前 CEO 和全球商业领袖们慷慨地分享了他们的第一手领导经验和对高级管理人员的指导工作的见解。

此外，我还要感谢 Merryck 董事长里克·史密斯（Rick Smith），他在 2012 年把我介绍给了雷蒙，促使了我与雷蒙的初次交谈，这让我在 2017 年加入了 Merryck，开启了我职业生涯的新篇章。从我年轻时从事体育运动的经历中，我深深体会到一个团队在大家齐心协力的情况下所能取得的成就。能在助力 Merryck 成为一支强大的全球性团队中发挥作用，是一件令人激动的事。

我在《纽约时报》的《拐角地带》系列访谈中采访了许多 CEO，在领英上的系列采访中也引用了他们的话语。我采访过的每一位领导者（超过 600 人，而且这个数字还在不断增加）都为本书提供了有力的见解、引人入胜的故事和实用的建议。《拐角地带》系列访谈是我在《纽约时报》的一个副业，作为一名编辑，我很幸运地与一些杰出的领导者共事并向他们学习，尤其是里克·伯克（Rick Berke），他有一种非凡的能力，能让为他工作的每个人都展现出最好的一面。

——布赖恩特

我要感谢肯·斯特拉姆，我的第一个潜艇舰长，他让我知道一个好的领导是什么样子，也在我人生早期阶段激励了我，并给了我这样的年轻军官不同寻常的信心。当我在麦肯锡工作到第二个年头时，迈克·卡彭特（Mike Carpenter）给了我一个机会，让我在杰克·韦尔奇上任初期加入了通用电气公司，并在董事长手下的一个小组近距离观察和学习他那个时代最伟大的CEO。卡彭特是我遇到过的最好的老板，他教会我如何清晰而简单地分析和描述复杂的业务情况。

在我的职业经历中，最重要的贵人是班克罗夫特。大约40年前，他突然把我招进麦肯锡。在后来的多年里，他一直是我的朋友和亲密的顾问，并且从不犹豫地帮我“照镜子”，确保我接受现实。

1992年，安进的第二任CEO戈登·宾德冒险雇用了我，尽管当时我简历上的资质与这一决定并不匹配，他后来担任我的老板和合伙人长达8年之久。哈佛商学院的扬·里夫金

（Jan Rivkin）和尼丁·诺里亚欢迎我以新手的身份加入，并给予我学习时间和鼓励。这是我所经历过的最陡峭的学习曲线之一，眼前的风景让我觉得攀登上去是值得的。

我要感谢我在安进的同事们。我们合作了十多年，能与你们在一起工作是我职业生涯的荣幸。在我的继任者鲍勃·布拉德韦和安进团队现任领导的支持下，我们早期建立的事业得以延续、繁荣，并始终忠实于安进的使命：为患者服务，以科学为基础。

——沙雷尔

最后，这可能超出了传统的致谢规范，我们想用几句话来为合作和团队的力量呐喊。当我们最初开始讨论这个项目时，我们已经通过多年的几次交谈认识了彼此（布赖恩特第一次见到沙雷尔，是 2009 年在《拐角地带》系列访谈中采访沙雷尔时），但合作写书确实存在一些固有的风险。

我们的思维是否会在“高效领导者究竟意味着什么”这一问题上保持一致？我们能否克服意见上的分歧？在本书结构和写作的最佳方法上，我们能否达成共识？事实证明，所有这些问题的答案都是肯定的，这次合作比我们任何一方所期望的都要富有成效。

我们从彼此身上学到了很多东西，我们之间的任何分歧完全是根据想法的好坏来解决的，因为我们在一开始的时候就摒弃了自负。我们最终感到，采访的广度（布赖恩特）和领导经验的深度（沙雷尔）相结合达到了“整体大于部分”的神奇效果。一起写这本书对我们来说是一次非常有益的经历，我们真诚地希望你阅读这本书后，也同样感到非常值得。

# 未来，属于终身学习者

我们正在亲历前所未有的变革——互联网改变了信息传递的方式，指数级技术快速发展并颠覆商业世界，人工智能正在侵占越来越多的人类领地。

面对这些变化，我们需要问自己：未来需要什么样的人才？

答案是，成为终身学习者。终身学习意味着永不停歇地追求全面的知识结构、强大的逻辑思考能力和敏锐的感知力。这是一种能够在不断变化中随时重建、更新认知体系的能力。阅读，无疑是帮助我们提高这种能力的最佳途径。

在充满不确定性的时代，答案并不总是简单地出现在书本之中。“读万卷书”不仅要亲自阅读、广泛阅读，也需要我们深入探索好书的内部世界，让知识不再局限于书本之中。

## 湛庐阅读 App：与最聪明的人共同进化

我们现在推出全新的湛庐阅读 App，它将成为您在书本之外，践行终身学习的场所。

- 不用考虑“读什么”。这里汇集了湛庐所有纸质书、电子书、有声书和各种阅读服务。
- 可以学习“怎么读”。我们提供包括课程、精读班和讲书在内的全方位阅读解决方案。
- 谁来领读？您能最先了解到作者、译者、专家等大咖的前沿洞见，他们是高质量思想的源泉。
- 与谁共读？您将加入优秀的读者和终身学习者的行列，他们对阅读和学习具有持久的热情和源源不断的动力。

在湛庐阅读 App 首页，编辑为您精选了经典书目和优质音视频内容，每天早、中、晚更新，满足您不间断的阅读需求。

【特别专题】【主题书单】【人物特写】等原创专栏，提供专业、深度的解读和选书参考，回应社会议题，是您了解湛庐近千位重要作者思想的独家渠道。

在每本图书的详情页，您将通过深度导读栏目【专家视点】【深度访谈】和【书评】读懂、读透一本好书。

通过这个不设限的学习平台，您在任何时间、任何地点都能获得有价值的思想，并通过阅读实现终身学习。我们邀您共建一个与最聪明的人共同进化的社区，使其成为先进思想交汇的聚集地，这正是我们的使命和价值所在。

The CEO Test:Master the Challenges That Make or Break All Leaders by Adam Bryant and Kevin Sharer

This edition arranged with C. Fletcher & Company, LLC through Andrew Nurnberg Associates International Limited.

**图书在版编目（CIP）数据**

领导者的试炼 /（美）亚当·布赖恩特（Adam Bryant），（美）凯文·沙雷尔（Kevin Sharer）著；慕兰，啸程，润雨译. -- 杭州：浙江教育出版社，2025.7. -- ISBN 978-7-5722-9983-4

Ⅰ. F272.91

中国国家版本馆 CIP 数据核字第 2025TS6110 号

浙江省版权局
著作权合同登记号
图字:11-2025-045号

**上架指导：企业管理**



**领导者的试炼**

LINGDAOZHE DE SHILIAN

［美］亚当·布赖恩特（Adam Bryant）［美］凯文·沙雷尔（Kevin Sharer）著

慕 兰　啸 程　润 雨　译

**责任编辑：**李　剑

**美术编辑：**韩　波

**责任校对：**傅　越

**责任印务：**陈　沁

**封面设计：**章艺瑶

**出版发行：**浙江教育出版社（杭州市环城北路 177 号）

**印　　刷：**天津中印联印务有限公司

**开　　本：**710mm ×965mm　1/16

**印　　张：**13.75　　**字　　数：**150 千字

**版　　次：**2025 年 7 月第 1 版　　**印　　次：**2025 年 7 月第 1 次印刷

**书　　号：**ISBN 978-7-5722-9983-4　　**定　　价：**89.90 元

如发现印装质量问题，影响阅读，请致电 010-56676359 联系调换。